ESTRELA de MADUREIRA

MARCELO MOUTINHO

APRESENTA

ESTRELA de MADUREIRA

A TRAJETÓRIA DA VEDETE ZAQUIA JORGE, POR QUEM TODA A CIDADE CHOROU

1ª edição

Editora Record
RIO DE JANEIRO • SÃO PAULO
2024

CIP-BRASIL. CATALOGAÇÃO NA PUBLICAÇÃO
SINDICATO NACIONAL DOS EDITORES DE LIVROS, RJ

M896e   Moutinho, Marcelo
         Estrela de Madureira : a trajetória da vedete Zaquia Jorge, por quem toda a cidade chorou / Marcelo Moutinho. - 1. ed. - Rio de Janeiro : Record, 2024.

         ISBN 978-65-5587-888-2

         1. Jorge, Zaquia, 1924-1957. 2. Teatro de revista - Rio de Janeiro (RJ) - História. 3. Vedetes - Brasil - Biografia. I. Título.

23-87139   CDD: 792.7092
                        CDU: 929:792.7

Meri Gleice Rodrigues de Souza - Bibliotecária - CRB-7/6439

Copyright © Marcelo Moutinho, 2024

Pesquisador: Marcos Nascimento
Imagens de capa:
Frente: Funarte/Centro de Documentação
Verso: Funarte/Centro de Documentação, Revista Carioca. Acervo Fundação Biblioteca Nacional (Brasil) e acervo do autor

Trechos de música:
"Estrela de Madureira", de Acyr Pimentel e Cardoso: Copyright © 1975 by Irmãos Vitale Editores Ltda.
"Zaquia Jorge, Estrela do Subúrbio, Vedete de Madureira", de Avarese: Copyright © Warner/Chappell
"Madureira chorou", de Carvalhinho e Julio Monteiro: Copyright by Cap Music

Todos os esforços foram feitos para localizar os fotógrafos das imagens neste livro.
A editora compromete-se a dar os devidos créditos em uma próxima edição,
caso os autores as reconheçam e possam provar sua autoria.
Nossa intenção é divulgar o material iconográfico que marcou uma época,
sem qualquer intuito de violar direitos de terceiros.

Todos os direitos reservados. Proibida a reprodução, armazenamento ou transmissão de partes deste livro, através de quaisquer meios, sem prévia autorização por escrito.

Texto revisado segundo o Acordo Ortográfico da Língua Portuguesa de 1990.

Direitos exclusivos desta edição reservados pela
EDITORA RECORD LTDA.
Rua Argentina, 171 – Rio de Janeiro, RJ – 20921-380 – Tel.: (21) 2585-2000.

Impresso no Brasil

ISBN 978-65-5587-888-2

Seja um leitor preferencial Record.
Cadastre-se no site www.record.com.br
e receba informações sobre nossos
lançamentos e nossas promoções.

Atendimento e venda direta ao leitor:
sac@record.com.br

Para meus pais, que me trouxeram Madureira.
Para Lia, a continuação dessa história.

Será que é uma estrela
Será que é mentira
Será que é comédia
Será que é divina
A sina da atriz

Chico Buarque e Edu Lobo

Sumário

Apresentação, por Luiz Antonio Simas	11
1. Palco apagado	13
2. Imenso cenário	21
3. Turbilhão de luz	51
4. Um trem de luxo parte	73
5. Meu samba traduz	127
Epílogo: Apoteose é o infinito	135
Agradecimentos	149
Notas	151
Bibliografia	161
Índice onomástico	171

Apresentação

Por Luiz Antonio Simas

Tentar definir a cidade do Rio de Janeiro a partir de uma singularidade confortável, capaz de encapsulá-la em um lugar de fixidez identitária coerente, é tarefa impossível. As cidades são múltiplas e produzem incessantemente cultura — um conjunto de práticas e elaborações simbólicas dinamizadoras de modos de existência: maneiras de falar, vestir, comer, rezar, nascer, morrer, chorar, festejar, envelhecer, dançar, cantar, silenciar, gritar.

Além de feitas de memórias, cidades também se caracterizam pelos seus lugares de esquecimento, territórios do efêmero. Os lugares de memória são, ao contrário, territórios de permanência; espaços inventados pelas pessoas em suas geografias de ritos. No fim das contas, cidades parecem escolher recordar algumas coisas e esquecer outras. Investigar as razões do jogo encruzilhado entre lembranças e rasuras talvez seja a chave para entendê-las melhor.

Todas essas questões me ocorrem quando percorro as páginas da biografia de Zaquia Jorge escrita por Marcelo Moutinho. Até que ponto — para me valer de uma expressão cara a historiadores — a trajetória exemplar de Zaquia oferece chaves para abrir as portas de um Rio de Janeiro que parece ainda trancafiado no mito da cidade maravilhosa? Quando simplesmente não apaga ou ignora as memórias dos subúrbios, a tal cidade maravilhosa parece admitir se aproximar delas com repúdio, alguma condescendência espantada ou, o que talvez seja pior, simpatia pitoresca.

Ao reconstruir a trajetória de Zaquia, Moutinho acaba formando um mosaico em que aparecem Madureira, o teatro de revista brasileiro, as sociabilidades suburbanas, a música, o cinema, a cidade e o protagonismo da mulher em uma sociedade e um ambiente em que a misoginia nadava de braçada. Não bastasse isso, o livro retira — é importante frisar — do esquecimento a personagem que, apesar da vida curta, entranhou-se nas memórias do lugar, unindo o rigor histórico, o domínio crítico da bibliografia e a escrita fluente do escritor premiado.

Do ponto de vista pessoal, confesso que o livro me remeteu a uma infância, na década de 1970, em que Zaquia Jorge aparecia de duas formas distintas. A primeira, como assombração capaz de assustar o menino. Era recorrente como um ritual que, na eventualidade de ir à praia da Barra da Tijuca com a família, eu escutasse a sentença de minha tia: a Zaquia se afogou aqui. Tempos depois, percebi que essa era a maneira encontrada pela tia para exercer uma espécie de pedagogia preventiva do medo que disciplinasse as crianças. Para pedir que tivéssemos cuidado na praia, ela invariavelmente evocava a tragédia da vedete.

A segunda remissão se refere ao refrão do polêmico samba do Império Serrano que homenageou Zaquia Jorge no Carnaval de 1975. Como um detetive, Moutinho revela no livro o que aconteceu naquela ocasião. Eu me limito a indicar a leitura e dizer que o verso "baleiro, bala, grita o menino assim" — para o menino que fui e vez por outra dá as caras — ocupa um lugar afetivo bem maior que o "trem de luxo parte", do samba derrotado na disputa do Império e consagrado depois na sublime interpretação de Roberto Ribeiro.

Eu sou do time do baleiro, Moutinho escreveu um livro fundamental e estamos conversados!

1
Palco apagado

Passava das 9h30 quando o telefone tocou na casa de Zaquia Jorge. Era Crisóstomo, seu motorista, com um aviso: a Kombi que deveria buscá-la às nove em seu sobrado na rua Santa Clara, 145, em Copacabana, não iria chegar na hora marcada. Estava parada na avenida Brasil, com o pneu furado.

Como toda segunda-feira, dia da folga semanal, a dona do Teatro Madureira levaria as vedetes de Kombi Lotação para um piquenique na então desértica Barra da Tijuca. O veículo, que trazia a inscrição Empresa Zaquia Jorge nas laterais, já se tornara conhecido dos cariocas. E naquele 22 de abril de 1957, a rotineira confraternização ganhava contornos festivos: no dia seguinte, o teatro completaria cinco anos de existência.

Após falar com Crisóstomo — que se virou para achar um telefone em plena avenida —, Zaquia informou Celeste Aída sobre o imprevisto. As duas haviam combinado que a caminhoneta a pegaria no trajeto até a rua Santa Clara. Zaquia então sugeriu que a amiga fosse até o sobrado para aguardarem juntas a chegada da Kombi. Celeste topou.

Quase ao meio-dia, a campainha do telefone soou novamente. Sem jeito, o motorista informava que outro pneu estourara. Zaquia não reclamou. Chamou Celeste e as duas desceram até a rua para tomar um táxi. Iriam na frente e encontrariam os demais convidados na Barra. Zaquia pediu a Ritinha, a empregada, que orientasse Crisóstomo a se dirigir para lá quando chegasse.

Além de Zaquia e Celeste, o grupo incluía as vedetes Neide Lopes, Carmen Vic, Aída Santos e Iolanda Just. Contava ainda com um convidado especial: o ator Carlos Costa, cujo nome artístico era Costinha.[1]

O piquenique aconteceu na ilha da Coroa, próximo ao canal da Barra, onde o mar e a lagoa se encontram. Sem as vias expressas que depois facilitariam o transporte, chegar ao bairro nos anos 1940 e 1950 era uma tarefa complicada. Só havia duas linhas de ônibus — a 33 (Tanque-Barra da Tijuca) e a S-31 (Tanque-Recreio) —, cujos itinerários se davam pela estrada de Jacarepaguá. Entre os dois pontos finais, quase 20 quilômetros de areia.

Caso se quisesse ir de carro, as opções a partir da zona sul eram a estrada da Gávea ou a avenida Niemeyer, em ambos os casos com passagem também pela estrada do Joá. Saindo da zona norte, dois caminhos se mostravam possíveis: pelo Alto da Boa Vista ou pela estrada Grajaú-Jacarepaguá, que o visitante deveria seguir margeando a lagoa da Tijuca até desembocar na única ponte com acesso à praia.

A dificuldade garantia, por outro lado, o encontro com uma natureza quase intocada. Era o que buscava a trupe liderada por Zaquia naquela segunda-feira de descanso.

Ao enfim chegarem todos ao local combinado, as artistas trocaram de roupa no barracão de dona Benita. A senhora morava ali com o filho João, um garoto ainda, e costumava ceder sua casa como apoio aos banhistas conhecidos. As atrizes vestiram seus biquínis e caminharam até a margem do canal, que era ligado à ilha por uma pequena ponte de madeira. Após atravessá-la, depositaram as cestas de piquenique no lugar escolhido, organizaram a comida e a bebida sobre uma toalha esticada na areia, e se refestelaram ao sol. Por conta do atraso, a fome era grande.

O almoço, em clima de descontração, seria regado a cerveja, rum e uísque. Após a refeição, a maioria tirou um cochilo, mas Zaquia resolveu mergulhar. Bebera bastante desde a chegada.

"Ela estava tomando uísque, muito uísque, e nós aconselhamos, nós, colegas, falamos: 'Não, Zaquia, não bebe.' Ela insistiu devido a um aborrecimento que teve em casa. Tomou um porre", contaria Celeste Aída[2].

Ao vê-la se encaminhar à água, Carmen Vic alertou: "Cuidado que aí não dá pé!"[3]

Poucos dias antes, escavadeiras haviam retirado terra do fundo do canal naquela região.

Zaquia não sabia nadar e logo submergiu, mas as amigas a resgataram. Levaram-na de volta à areia, sob a promessa de que pararia de beber e não mergulharia mais.

Passou-se algum tempo e a situação foi serenando. Já mais tranquilas, Carmen, Celeste e as outras atrizes conversavam com dona Betina, próximo ao barracão, quando alguém deu falta de Zaquia.

"Aí atinamos que ela tinha entrado na água de novo. Saímos todas correndo. 'Ela entrou na água! Ela entrou na água!'", gritou Celeste.[4]

Neide foi a primeira a se atirar no canal no afã de encontrar Zaquia. Mas tampouco sabia nadar e se viu igualmente arrastada.

Celeste então mergulhou e deu braçadas rápidas até o ponto onde Neide se afogava. Conseguiu resgatá-la. De Zaquia, só viu a mão direita crispada. "Os dedos pareciam querer saltar para agarrar qualquer coisa e, por mais esforços que fizessem, só encontravam o ar", descreveria ao jornal *Luta Democrática*.[5]

Ela tentou puxar Zaquia, que, no desespero, cravou as unhas em seu pescoço. "Quase vou para o fundo também. Quando me vi senhora dos meus sentidos, a nossa querida amiga tinha sido tragada pelas águas."[6]

Na areia, em meio à gritaria, Costinha e Iolanda conseguiram achar um salva-vidas. Foi ele, Osvaldo Batista, quem, após quase 15 minutos de mergulho, retirou Zaquia do canal ainda com vida. O pulso batia lentamente. Osvaldo tentou respiração boca a boca, massagem cardíaca, mas nada adiantou.

Em choque, as vedetes se reuniram em torno do corpo, que logo seria coberto por uma toalha. Ainda não haviam assimilado o que acabara de acontecer.

A notícia correu sem demora. Abrahão, irmão de Zaquia, foi um dos primeiros a chegar. A polícia também esteve no local e recolheu das mãos da atriz, para inclusão no inquérito, um anel de ouro cravejado por 29 brilhantes.

Levada para o Hospital Souza Aguiar, Neide sobreviveu. O corpo de Zaquia foi encaminhado ao Instituto Médico-Legal (IML), onde Júlio Monteiro Gomes, seu companheiro, já se encontrava. Ele chorava muito. "Zaquia vivia para o teatro e eu para Zaquia", declarou ao repórter do jornal *O Globo*, que precisou confortá-lo antes da entrevista, tamanha a desolação.[7]

Celeste foi quem comunicou a morte ao comissário de Polícia da Barra da Tijuca, Affonso Martinelli. Em seu depoimento, ela informaria a hora do afogamento — "cerca de 15h30" — e daria detalhes sobre a sequência dos acontecimentos até o momento do acidente.

O atestado de óbito, assinado pelo médico Mário Rodrigues, especificou "asfixia por afogamento" como causa mortis.[8] Do IML, o corpo seguiu para a capela Santa Teresinha, na praça da República. Já passava de uma hora da manhã e uma multidão, que incluía atores, atrizes, cenógrafos, figurinistas, músicos, iluminadores e fãs, aguardava sua chegada.

Coube à mesma Kombi de placa DF 150312, que servia ao transporte dos artistas da companhia entre Copacabana e Madureira e também às confraternizações da equipe, carregar o corpo da atriz. "Essa caminhoneta já não lhe pertencia, mas à própria paisagem da cidade. Quando viam que se aproximava, era comum ouvir-se dos cafés, paradas de ônibus, portas de lojas: 'Lá vem a caminhoneta da Zaquia'", destacou o crítico Paschoal Carlos Magno, em curto e emocionado obituário publicado pelo *Correio da Manhã*.[9]

Havia um banquete preparado para ser servido no Teatro Madureira, após a apresentação da peça *O negócio é mulher*, naquela mesma data. A festa de aniversário do teatro acabou por dar lugar ao velório de sua proprietária. O corpo ficou exposto lá, em câmara ardente. Sobre o caixão, um grande quadro com a imagem de São Jorge, a quem o dia 23 de abril é consagrado, além de bandeiras das escolas de samba Império Serrano e Portela. No fosso costumeiramente ocupado pela orquestra, estavam parte das 230 coroas de flores enviadas por particulares e instituições como a Associação Comercial de Madureira e a Casa dos Artistas. Uma delas, remetida por Abrahão, dizia: "A ti, mana, que viveu sorrindo e morreu brincando."[10]

Mais de 4 mil pessoas foram prestar suas homenagens. A fila se estendia por vários quarteirões da rua Carolina Machado, reunindo homens, mulheres e crianças, muitos abrigados debaixo de sombrinhas devido ao sol intenso. Parte da fachada do teatro foi coberta por uma enorme lona de cor preta. "Com a plateia e os balcões apinhados, o ambiente fazia lembrar um grande dia de récita. Contudo, a emoção do público era intensa, guardando os presentes muito respeito", reportou o jornal *Última Hora*.[11] O comércio do bairro baixou as portas, em sinal de luto. Motoristas de ônibus, táxi e lotação colocaram panos pretos nas mangas de suas camisas.

A descrição de Paschoal Carlos Magno é quase um flagrante do que se viu pelas vias de Madureira: "Durante o dia, um mundão de gente passou diante da que o mar levou, como as princesas da caatinga de nossa infância. Artistas de todas as idades a choravam como os mãos-vazias e os pés-nos-chão dos subúrbios de que as autoridades só se lembram em época de eleição. A cidade, de repente, olhou toda, num olhar comprido, para esse fim de mundo."[12]

Às 16 horas, o corpo de Zaquia foi transportado para o Cemitério de São Francisco Xavier, onde aconteceu o enterro. O presidente da República, Juscelino Kubitschek, se fez representar por meio do ajudante de ordens, Marcelo Ramos e Silva.

A morte da vedete mereceu destaque em praticamente toda a imprensa da então capital federal. Foi manchete em *O Dia* e na *Luta Democrática*, e teve chamada de capa em *O Globo*, no *Diário Carioca*, na *Última Hora* e em *A Noite*. O *Correio da Manhã* e o *Jornal do Brasil*, que dedicava a primeira página aos anúncios classificados, fizeram registros nas páginas internas. A *Revista do Rádio* e *O Mundo Ilustrado* também cobriram o trágico acidente, assim como veículos de outros estados, como *O Poti* e o *Diário de Natal*, do Rio Grande do Norte, o *Diário da Tarde* e *O Dia*, do Paraná, e a *Gazeta Esportiva*, de São Paulo.

As reportagens especulavam o motivo do afogamento. Cãibras, um suposto desmaio devido à congestão, excesso de álcool. Houve ainda espaço para matérias sensacionalistas, como a que a revista *Escândalo* estampou em edição extra integralmente dedicada à morte na Barra. Especializada em fofocas e maledicências, a publicação colocava em dúvida os relatos das testemunhas. "A atriz Zaquia Jorge foi assassinada?", questionava a manchete em letras garrafais, tendo ao fundo uma foto na qual ela aparecia com um bustiê e uma faixa nos cabelos. A frase se repetia nas páginas internas da revista, acompanhada de um subtítulo imperativo: "A revista *Escândalo* levanta o véu de um misterioso crime."

Das 44 páginas da edição, fartamente ilustradas com fotos de Zaquia em diferentes momentos da carreira, 29 eram dedicadas a escarafunchar o suposto homicídio. O texto tinha a assinatura do jornalista Freddy Daltro — pseudônimo do jornalista Nilson Risardi —, que conduzia a revista copiando publicações norte-americanas similares. Se lá as "reportagens" se debruçavam sobre o *star system* de Hollywood, por aqui o foco estava nos artistas do rádio e do teatro de revista. Em comum, o tom espalhafatoso e detrator.

Entre elogios a seu "bom coração"[13] e à alucinação pelo teatro, a matéria pintava uma Zaquia Jorge obsessivamente ciumenta e cujas incursões à Barra eram chamadas de "caravana do amor proibido".[14] Daltro afirmava que as participantes usavam o piquenique das segundas-feiras para exercer o que chamava de ato de decadência moral: "transformarem-se em homens".[15] Sim, uma sugestão de relação amorosa entre as atrizes. Transgressão que, segundo ele, teria motivado a morte. "Foi justamente esse pecado que lhe roubou a vida. Porque se não tivesse essa febre penetrado em seu corpo tudo seria evitado. O epílogo seria mais longo", escreveu.[16]

Na mesma matéria, o jornalista mencionava as rumorosas tentativas de suicídio de Carmen Vic dias após o afogamento de Zaquia. E especulava que Celeste Aída, ao contrário do que teria informado em seu depoimento, não tentou salvar a chefe e amiga. Assim como as demais testemunhas do caso, havia sido no mínimo negligente e, no limite, cúmplice de um delito.

PALCO APAGADO

A revista voltaria à carga em dois números posteriores. Em janeiro de 1958, publicou matéria de cinco páginas intitulada "A monstruosidade de um crime", chamando o piquenique na Barra de "bacanal".[17] Três edições depois, exclamava: "No silêncio do túmulo, Zaquia Jorge pede justiça."[18] E reiterava a acusação de homicídio.

Impactada pela perda, Carmen Vic realmente atentara contra a própria vida por três vezes, como indicava o texto no número especial. Primeiro, logo após o enterro de Zaquia, embriagou-se e lançou-se ao mar de Copacabana. Foi salva por outros banhistas. No domingo seguinte, outra tentativa. Às quatro da manhã, depois de passar a madrugada bebendo no Bar Marrocos, próximo ao posto 6, atirou-se novamente às ondas. Um rapaz conseguiu tirá-la, já desmaiada, da água.

Parte da chamada grande imprensa repercutiu o caso, inclusive com chamadas de primeira página, ressaltando a "influência desmedida"[19] exercida por Zaquia sobre a amiga — conforme declaração de dona Marcelina, mãe de Carmen — e recorrendo por vezes a "comentários desairosos"[20] sobre sua relação com outras vedetes, como lamentaria a própria atriz. A imagem da recém-falecida dona do Teatro Madureira continuava a pairar sobre o noticiário.

Naquele ano de 1957, os jornais registraram em suas capas a vitória da tenista Maria Esther Bueno no Torneio de Wimbledon; o lançamento do Sputnik 1, primeiro satélite artificial levado ao espaço; o Prêmio Nobel de Literatura para o francês Albert Camus; a conquista do Campeonato Carioca pelo Botafogo do técnico João Saldanha. São episódios sempre lembrados. A tão pranteada Zaquia Jorge, porém, caiu no esquecimento.

2
Imenso cenário

Em 1871 e 1876, pouco mais de uma década antes da Proclamação da República, o imperador dom Pedro II fez duas viagens de navio ao Oriente Médio. Estudante de árabe e hebraico, pretendia conhecer melhor a região. Visitou o Líbano, o Egito e a Síria, registrando em pequenas cadernetas apontamentos pessoais sobre a experiência. Um deles dizia que "eles, os árabes, querem migrar para o Brasil".[1]

Dom Pedro aproveitou o percurso para fazer propaganda dos atrativos do país. Pintava o Brasil como um paraíso à espera dos viajantes, e chegou a prometer felicidade e prosperidade àquelas famílias que, porventura, se dispusessem a atravessar o oceano.

Esse esforço de relações exteriores, embora não tenha efeito geral cientificamente mensurado, levou muitas famílias a se animarem com a possibilidade de mudança de ares. Como demonstra o jornalista Diogo Bercito no livro *Brimos*, que trata da imigração sírio-libanesa no Brasil, a imprensa árabe chamava nossa nação de "terra de oportunidades incontáveis".[2] O quadro idílico se consumava com o boca a boca dos pioneiros que retornavam das Américas cheios de riquezas.

As décadas seguintes seriam marcadas por um intenso processo migratório. O cálculo preciso torna-se difícil porque boa parte dos viajantes era registrada como "turca", já que o Império Turco-Otomano dominou o Líbano e a Síria até 1918. Mas os pesquisadores atestam que cerca de 140 mil árabes desembarcaram por aqui entre 1880 e 1969.[3]

Os migrantes eram, em maioria, lavradores das zonas rurais de seus países. Foi o caso de um jovem chamado Jorge Abrão, morador de Damasco. Ele ajudava no sustento da casa da família, na capital da Síria, cuidando de camelos e de uma pequena plantação. O desejo de uma vida melhor impeliu-o a emigrar para o Brasil. Em 5 de maio de 1910, após a longa travessia de navio, aportou no Rio de Janeiro. Tinha, então, 23 anos.

Poucos meses após chegar, estabeleceu-se em Capivari, onde começaria a trabalhar como comerciário. A cidade, que depois ganharia o nome de Silva Jardim, fica entre a Região dos Lagos e a Região Serrana do Rio, e teve sua origem em meados do século XVIII. Seu desenvolvimento se processou a partir da capela dedicada a Sant'Ana, em torno da qual se formou um arraial. O vilarejo foi transformado em freguesia e, em 1843, elevado à categoria de vila, desmembrando-se do município de Cabo Frio. Atualmente, faz divisa com Casimiro de Abreu, Nova Friburgo, Rio Bonito, Cachoeiras de Macacu e Araruama.

Quando Jorge Abrão se instalou por lá, a população somava em torno de 25 mil habitantes. A extração de madeira já dera lugar à lavoura do café como principal ativo econômico. Aqueles anos de 1910, aliás, seriam marcados por intenso progresso. Os distritos ganharam densidade populacional, o comércio passou a atrair moradores de cidades vizinhas e ao cair da tarde se ouviam os acordes de piano que as moças dedilhavam para o deleite de parentes e vizinhos.

Em Capivari, Jorge Abrão conheceu Etelvina dos Santos,[4] que residia no distrito de Aldeia Velha, um dos quatro da cidade. Etelvina era filha dos lavradores Francisco Botelho dos Santos e Maria Leontina dos Santos. Nascido em Friburgo, município vizinho, o casal se fixara em Capivari em busca de progresso. Ele era descendente de portugueses, e ela, de suíços migrados da cidade de Fribourg.

Pulando a fase do namoro, Jorge Abrão e Etelvina noivaram por cinco meses até que veio o matrimônio, efetivado no dia 29 de setembro de 1910. A celebração aconteceu na residência dos pais de Etelvina.

O curto período entre a chegada de Jorge ao Brasil e a cerimônia sugere que, antes de sua vinda, o casório já estava combinado. Era prática comum na época entre as famílias, particularmente as do Oriente Médio.

Com o casamento, Etelvina deixou a casa dos pais e foi morar com Jorge em uma pequena roça. Não demoraria a se tornar mãe. Benedito, que nasceu em 1913, foi o primeiro dos seis filhos em uma sequência quase sem intervalos. Depois dele, vieram Jamile (1917), Fariza (1920), Abrahão (1922), Zaquia (1924) e José (1927).

Todos foram registrados com o acréscimo do "Jorge" ao prenome, seguindo a tradição árabe de referenciar o nome do pai. Assim como o Abrão indicava que ele era filho de Abrão — no caso, de João Abrão —, o Jorge de seus sucessores diretos sinalizava que descendiam de um homem assim chamado. A partir da geração dos nascidos no Brasil, o vocábulo se transformou em sobrenome.

Quarto rebento da família, Zaquia veio ao mundo no dia 6 de janeiro.[5] Tinha apenas 3 anos quando a mãe faleceu, por complicações decorrentes do parto do filho caçula. Capivari ainda tentava se recuperar de duas grandes crises: a gripe espanhola, que levaria famílias inteiras, e uma nuvem de gafanhotos que dizimou as plantações. A morte de Etelvina acrescentou um componente pessoal às dificuldades que a família já vinha enfrentando naquele momento. Causou grande impacto no clã dos Jorge, sobretudo em Abrão. E foi o acontecimento determinante para que decidisse se mudar de cidade.

No Rio de Janeiro, buscaria juntar os cacos e reconstruir a vida após a perda da esposa. Ele e os filhos se estabeleceram no número 197 da rua Senhor dos Passos, área de grande concentração da colônia árabe no centro da cidade. Pouco depois, se mudariam para a rua Buenos Aires, 332, também na região. Abrão conseguiu trabalho na Empresa de Armazéns Frigoríferos, que funcionava na avenida Rodrigues Alves, a pouco mais de 2 quilômetros de casa. Foi um período de relativa estabilidade.

Na infância, a garota de cabelos escuros e olhos rasgados gostava de brincar entre os meninos. Uma de suas diversões preferidas era tocar a campainha das casas do bairro e sair em disparada, observando de longe a reação dos vizinhos. Certa vez, a gaiatice acabou mal: um senhor não gostou nada e atirou uma pedra na direção de Zaquia, que precisou ser levada ao pronto-socorro. Ela tinha apenas 8 anos.

Gostava também de subir nas árvores e espalhar visgo de jaca em seus galhos, para capturar passarinhos. Quando passou uma temporada na casa de parentes na Marquês de Abrantes, no Flamengo, conheceu a Casa dos Expostos, que ficava no número 48 da mesma rua. A instituição era mantida pela Santa Casa da Misericórdia do Rio de Janeiro e, a exemplo de organizações similares de outros países, recebia recém-nascidos cujos pais não podiam, ou não queriam, cuidar dos próprios filhos. O sistema funcionava a partir de uma portinhola giratória, embutida na parede, na qual o bebê era depositado sem que a pessoa que o havia posto ali fosse identificada. Zaquia e seus amigos costumavam colocar gatos de rua no coletor e imitar o choro de um neném, para chamar a atenção dos membros da irmandade. Depois corriam.

Com a chegada da adolescência, as travessuras foram sendo abandonadas. Passou a não topar brincadeiras nem levar afronta para casa, como mostra a ocasião em que se engalfinhou com um rapaz chamado Esperidião Francisco. Depois de trocarem bofetões, Zaquia não hesitou em dar uma pedrada no estômago do oponente.

Daí em diante, a trajetória seguiria a rota costumeira entre as mulheres de sua geração. Estudou no tradicional colégio de freiras Maria Raythe, na Tijuca, até 1940, cumprindo o primário, o ginásio e os chamados "anos propedêuticos", preparatórios para a vida religiosa. Os boletins que ainda existem nos arquivos da escola mostram uma aluna de notas medianas. Com exceção de um 9 na média anual em 1937, passou de série sempre no limite, com o grau mínimo para a aprovação: 5.

A essa altura, já morava com o pai na rua São Miguel, na própria Tijuca, e se habituara a acompanhar Jamile nas idas ao Cassino da Urca, em cujo corpo artístico a irmã mais velha trabalhava. Da coxia, observava com fascínio a plateia endinheirada, a monumental orquestra do maestro Vicente Paiva e a movimentação no palco, uma atividade em tudo distinta do cotidiano escolar. Não fazia muito tempo que Carmen Miranda, agora estrela internacional, brilhara naquele mesmo palco.

O teatro e o cinema começavam a consolidar o *star system*, um dos símbolos dos novos tempos no país em franco processo de urbanização, e acalentavam os sonhos de meninas como Zaquia. O Brasil ainda era um país marcadamente agrícola — apenas 32% das pessoas residiam

IMENSO CENÁRIO

nas cidades —, mas a densidade populacional começava a mudar. Ao longo da década de 1940, as áreas urbanas teriam um aumento de 46% no número de habitantes, ao passo que nas zonas rurais esse índice foi de apenas 17%.[6]

Filmes, radionovelas e revistas de fofoca retratavam os principais artistas — não só seu trabalho profissional, como também a vida para além dos holofotes. E o Rio de Janeiro, centro nervoso do país, sentia os efeitos da Política da Boa Vizinhança idealizada pelo presidente Franklin Roosevelt com o objetivo de aproximar os Estados Unidos das nações latino-americanas. Produtos *made in USA* chegavam em número cada vez maior. Passando a ser fabricados aqui, conquistavam as ruas rapidamente. O Pato Donald ganhara a companhia do Zé Carioca e o Brasil passou a mascar chiclete, a comer *hot dog*, a beber Coca-Cola. Em cassinos como o da Urca, o do Hotel Copacabana Palace e o do Atlântico, o jogo corria solto, com direito à apresentação de festejadas atrações estrangeiras.

O entorno da praça Floriano, coração da cidade, já era popularmente chamado de Cinelândia em razão de seus luxuosos cinemas, como o Pathé, o Palácio e o Odeon. As salas de projeção serviam como polos irradiadores, fomentando a inauguração de cafés, bares, *bombonnières* e sorveterias onde os assuntos da vez, da moda à política, da arte ao mexerico, eram exaustivamente discutidos.

Quem preferia o teatro podia rumar para a praça Tiradentes, onde o João Caetano, o Carlos Gomes e o Recreio ofereciam glamour, diversão e um leve aroma de Carnaval. Recém-chegada ao número 79, a Gafieira Estudantina era o ponto de encontro dos pés de valsa, que buscavam um par para dançar de rosto colado. Caminhar pelo centro tornara-se uma prática entre os cariocas.

Foi nessa cidade fervilhante que Zaquia conheceu Oswaldo Salgado Rodriguez. Seis anos mais velho, ele trabalhava como motorista. Oswaldo se encantou pelo sorriso magnético da moça e insistiu nos convites para um encontro até conseguir. A paquera virou namoro, que precedeu o noivado, como era praxe, e redundou em casamento. No dia 14 de outubro de 1942, dois anos após deixar o colégio Maria Raythe, ela se tornava

Zaquia Jorge Rodriguez. Com a união, foi morar com o marido em uma pequena casa na rua do Lavradio, na Lapa.

Logo viria o primeiro e único filho. Quando Carlos Alberto nasceu, em 22 de julho de 1943, Zaquia tinha apenas 19 anos. Por pouco tempo, o menino veria os pais juntos. As brigas conjugais haviam se tornado frequentes e ele ainda era um bebê quando ocorreu a separação por alegada incompatibilidade de gênios.[7] O ex-marido rejeitava o comportamento insubmisso de Zaquia e, sobretudo, seu desejo de ser artista.

Na prática, o casamento acabou em 1945, mas a formalização do desquite só se efetivou três anos depois. Em acordo amigável entre as partes, ficou consignado que a guarda de Carlos Alberto caberia ao pai, e Oswaldo assumiu, igualmente, a responsabilidade quanto ao sustento integral do garoto. Zaquia não quis receber pensão alimentícia, mas exigiu retomar o nome de solteira.

O desquite ainda era um tabu naquele tempo. De acordo com o censo demográfico de 1940, apenas 0,16% da população brasileira se encontrava nessa situação. Em números concretos, 67.183 pessoas em um total de 41.236.315 habitantes.

Separada e sem renda, Zaquia ia à banca toda manhã comprar o *Jornal do Brasil*. A publicação era chamada jocosamente de "jornal das cozinheiras" por privilegiar os anúncios classificados, em detrimento das notícias. E justamente por isso lhe interessava: Zaquia buscava um emprego.

"Estava precisando ganhar a vida (...). Uma amiga me encorajou: 'Vá até o Recreio e procure o Walter Pinto.' Cheguei à frente daquele rapaz bonito e ele me perguntou o que eu sabia fazer. 'Nada', disse eu. 'Não canto, não danço, nem represento.' O moço gostou da minha franqueza e no outro dia estava contratada", contaria muitos anos depois ao jornalista Nei Machado, da *Última Hora*.[8]

A ponte com Walter foi feita pelo dramaturgo Freire Júnior, que Zaquia havia conhecido por intermédio de atrizes amigas da irmã Jamile. O empresário se impressionou com a jovem de cabelos castanho-escuros, olhar expressivo, pernas grossas e quadril largo. Embora medisse apenas

IMENSO CENÁRIO

1 metro e 58 centímetros, ela nunca saía sem os sapatos de salto alto, o que a fazia parecer mais alta.

"Venha ensaiar quinta-feira. Você vai estrear na próxima peça",[9] disse, após firmar o salário: 400 cruzeiros mensais. O valor correspondia ao aluguel de um quarto de pensão no centro da cidade.

DE PARIS AO CARNAVAL CARIOCA

As origens do teatro de revista ecoam traços da *commedia dell'arte*, vertente popular da dramaturgia renascentista, e da tradicional *comédie française*. Foi em Paris, no início do século XIX, que o gênero se formatou. Os espetáculos então realizados na capital francesa eram um misto de opereta e peça de humor, e dedicavam-se a revisar os acontecimentos do ano anterior. Daí o nome de *revue de fin d'année* [revista de fim de ano], do qual deriva a expressão que se notabilizou.

O modelo logo seria adotado em outros países europeus, como Espanha, Inglaterra, Alemanha e, principalmente, Portugal, onde alcançou grande sucesso. A primeira revista lusa data de 1856. *Fossilismo e progresso*, de Manuel Roussado, caricaturava o temido marechal Saldanha, militar que ajudara dona Maria II, filha de nosso dom Pedro I, a pôr ordem em seu reino. Ali já se fazia presente uma das principais marcas do gênero: a sátira social e política.

Três anos depois, a modalidade chegou ao Brasil. Mais especificamente ao Teatro Ginásio, no Rio de Janeiro, onde, no dia 9 de janeiro de 1859, estreou a peça *As surpresas do sr. José da Piedade*. Escrita por Figueiredo Novaes, um funcionário do Tesouro Nacional que integrava também o Conservatório Dramático, a peça recapitulava em tom crítico e bem--humorado os fatos mais relevantes de 1858. Mas, embora tenha ficado registrada na história como marco desbravador, teve existência breve. Após três dias, saiu de cartaz por ação da polícia, sob a justificativa de atentar contra a moral e os bons costumes.

Os moradores da então capital do Brasil-Império só voltariam a ver outra encenação do tipo em 1875, quando a *Revista do ano de 1874*, de Joaquim Serra, ganhou o palco do Teatro Vaudeville. Esses primeiros trabalhos eram caracterizados pela presença do *compère* [compadre], um mestre de cerimônias que fazia a ligação entre os diferentes quadros da peça, comentando-os. Ele funcionava como um fio a costurar o prólogo — introdução que desencadeava o movimento em cena — à apoteose final, transitando por esquetes de comédia, de fantasia e números de interação com a plateia. Com o passar dos anos, alguns espetáculos passaram a apresentar também a figura da *commère* [comadre]. Os personagens podiam ser tipos como o "caipira", o "português", a "mulata" e o "malandro", ou encarnar categorizações mais amplas: o Ano Novo, o Ano Velho, ou a Opinião Pública, o Zé Povinho, a Política, o Boato.

Nesse período de consolidação, que vai até a segunda década do século XX, cada teatro carioca encenava uma média de dez revistas por mês.[10] É quando resplandece, como sinônimo de sucesso, o nome do dramaturgo Artur Azevedo. Sozinho ou em parceria com Moreira Sampaio, ele atraía multidões em peças nas quais comentava o alvoroço da cidade e catalogava gírias e costumes da sociedade local. O caráter de revisão do ano aos poucos se dissipava, abrindo espaço para as revistas "de enredo", embora a alusão à conjuntura permanecesse. Bom exemplo é *O bilontra*, de 1885. "A bilontragem é sacerdócio / Que cada um pode exercer, / Entre o pelintra e o capadócio / O meio-termo vem a ser", salientava o libreto em alusão à palavra nascida na crônica policial.[11] Foi a primeira revista brasileira a ultrapassar a marca de cem apresentações.

As modificações se davam tanto com relação às convenções quanto à própria dramaturgia, mas a aposta no sarcasmo se mantinha firme. E as revistas começaram a ganhar contornos singulares por aqui. Isso acontece, sobretudo, quando o Carnaval toma parte da cena. Com o país já convertido em república, a capital enfrentava vertiginoso processo de transformação, com uma explosão populacional sem precedentes.

Entre 1870 e 1890, o número de habitantes no Rio de Janeiro mais que dobrou, saindo de 235.381 para 522.651.[12] De 1890 a 1900, chegaria a

IMENSO CENÁRIO

691.565 — um aumento de 33% em apenas uma década.[13] Em 1920, o total de moradores atingiu 1.157.873 de pessoas. Com a eletrificação, que data de 1909, e o incremento do transporte urbano por meio da ampliação do circuito de bondes e trens, a circulação foi facilitada, inclusive no período noturno. Cafés-cantantes, cabarés, cineteatros, clubes de *music-hall* rapidamente se espalharam pela região do centro. A popularização do cinema também se consolidou e o Rio de Janeiro chegou a contabilizar, na década de 1910, cem salas de projeção de filmes.

Essa transformação ecoava as radicais reformas empreendidas no âmbito do espaço público. Sob a batuta do presidente Rodrigues Alves e do prefeito por ele nomeado, Francisco Pereira Passos, a cidade ganhava novas feições. Ao longo dos quatro anos do mandato municipal, entre 1902 e 1906, centenas de velhos imóveis foram aniquilados a fim de permitir a abertura de largas vias, como a avenida Central (hoje, Rio Branco), a rua do Sacramento (atual avenida Passos) e a rua da Prainha (atual rua do Acre), entre outras. A prefeitura decretou uma série de proibições, que miravam a mendicância, a condução de vacas e a venda, nas vias públicas, de animais abatidos. "O Rio civiliza-se", sinalizava a frase do jornalista Alberto Figueiredo Pimentel adotada como slogan por Pereira Passos.

A reforma se inspirava no modelo implementado em cidades europeias, como Londres, Paris e Bruxelas, entre 1840 e 1870, no curso da industrialização. Com formação em Engenharia, o prefeito do Rio de Janeiro frequentara cursos na École des Ponts et Chaussées, onde acompanhou as obras empreendidas por Georges Haussmann, então administrador do departamento do Sena. Pereira Passos usou o projeto aplicado em Paris como exemplo para o planejamento de sua gestão.

A nova cidade pedia uma mentalidade também distinta. Que negasse os hábitos e anacronismos da capital colonial e se abrisse para o "progresso". Na esteira das mudanças, começou então "a emergir um teatro musical que viria para se casar, em perfeita sintonia, com essa modernidade", como observa a pesquisadora Neyde Veneziano.[14]

Influenciadas pelas companhias francesas que por aqui se apresentavam, as artistas dos elencos femininos já se mostravam sem as grossas meias que, nos anos anteriores, costumavam cobrir suas pernas. As revistas, centradas em quadros mais soltos, abriam mão de uma ligação temática de enredo. E o Carnaval entrou em cena, ocupando boa parte dos quadros. O compère seria substituído pelo Rei Momo.[15] Passamos, como diz Neyde, de um teatro de revista à brasileira para um modelo efetivamente brasileiro. "O palco elegante zé-pereirou", resume ela.[16]

Interseções mais intensas logo ocorreriam. Em 1901, o cenógrafo Carracini, contumaz colaborador de Artur Azevedo, desenhou catorze carros alegóricos do tradicional Clube dos Fenianos. Em movimento na direção oposta, a canção "Vem cá mulata", de Arquimedes de Oliveira e Bastos Tigre, saiu das peças *O maxixe*, de José Batista Coelho, e *Chique-chique*, de João do Rio e João Brito, para se tornar o grito de guerra dos Democratas, que, com os Fenianos e os Tenentes do Diabo,[17] compunha as três maiores sociedades carnavalescas da época.

As revistas assumiam o protagonismo no lançamento e na popularização de sambas e marchinhas. Também aproveitavam sucessos do momento, introduzindo-os no roteiro como chamariz para as peças. Ary Barroso, Pixinguinha, Sinhô, Chiquinha Gonzaga, Joubert de Carvalho, Mario Lago, Benedito Lacerda, Lamartine Babo e Custódio Mesquita foram alguns dos pesos-pesados da música brasileira que tiveram composições levadas ao palco. Entre os cantores, os nomes não são menos reluzentes: Carmen Miranda, Francisco Alves, Vicente Celestino, Silvio Caldas e Aracy Cortes.

O público lotava os teatros do centro da cidade, divertia-se com os esquetes de humor, aplaudia as coreografias exuberantes e aprendia novas canções, espalhando-as pela cidade. Nos teatros da praça Tiradentes, havia três sessões diárias e vesperais aos sábados, domingos e quintas, num total de 24 apresentações por semana. Eram três casas e em cada uma delas, como aponta o jornalista Ruy Castro, "a cortina subia 1,2 mil vezes por ano"[18] na primeira década do século passado.

A rua dom Pedro I, onde se localizava o Teatro Recreio, servia de epicentro para o burburinho. Em seu entorno, dramaturgos, diretores, produtores, atores e instrumentistas se encontravam, fosse na leiteria que levava o mesmo nome da via, no Café Carlos Gomes ou ao longo das cal-çadas. Por ali transitavam também compositores interessados em vender suas músicas por algum trocado que ajudasse no aluguel ou na cerveja.

A revista, no entanto, continuava a ser considerada um gênero de se-gunda classe. Críticos como Décio de Almeida Prado, Galante de Sousa, Mário Nunes e Renato Viana usaram palavras duras para qualificar o chamado "teatro ligeiro". Prado, um dos mais ilustres, lamentava que o gosto do público tenha preferido "importar de Paris, diretamente ou via Portugal", modalidades "de natureza bem menos literária", entre as quais elenca o *vaudeville*, o café-concerto, a opereta e as revistas.[19] Em socorro à sua tese, citava o escritor Machado de Assis, para quem a predileção popular teria atingido "o último grau de decadência e perversão".[20]

Na visão de Mário Nunes, cronista do *Jornal do Brasil* e diretor da revista *Palcos e Telas*, o teatro de revista vivia "de magnificências fan-tásticas, fabricadas para encantar as almas simples", da exploração de comicidade "ao alcance da cultura rudimentar".[21] E por meio dele, em vez de ensinamentos salutares, "o proletariado, as famílias dos operários, os pequenos auxiliares do comércio vão conhecer as podridões sociais, as mais infames baixezas e, o que é pior, aprender gestos e frases obscenas, de uma revoltante imoralidade".[22]

Em comum a quase todos os juízos negativos, havia a conexão quase automática entre o caráter popular e a suposta baixa qualidade artística. Apesar do enorme sucesso, ou mais propriamente em razão dele, o teatro de revista se mantinha em lugar secundário se comparado a outras moda-lidades de dramaturgia. Um quadro que não mudaria nos anos posteriores.

NA COMPANHIA WALTER PINTO

Pouco há em comum entre as revistas do final do século XIX e do início do século XX com as montagens feitas por Walter Pinto na década de 1950. Embora tenha preservado a galhardia e o tom carnavalesco, o teatro de revista em que Zaquia Jorge iniciou sua carreira artística tem traços bastante distintos daqueles observados nas décadas anteriores. E a nova fisionomia se deve em grande parte justamente a esse nome que dominou o gênero antes de seu ocaso e deu a ela sua primeira chance.

Filho do empresário Manoel Pinto, que dirigia o histórico Teatro Recreio, Walter estudara Contabilidade e não demonstrava pendores para o ramo artístico. Com a morte do pai, em 1938, a casa de espetáculos da Empresa de Teatro Pinto Ltda. passou a ser administrada por seu irmão, Álvaro. A gestão durou apenas dois anos. Um acidente de avião mataria Álvaro em 1940, e o Recreio caiu nas mãos daquele que projetava uma vida em meio à burocracia.

"Ousado, pernóstico, empreendedor, deslumbrado e deslembrado", nas palavras do pesquisador Salvyano Cavalcanti de Paiva, Walter apostou em montagens suntuosas, com iluminação feérica, cenários multicoloridos e compridas escadarias por onde as artistas desfilavam para a vibração da plateia. Investia no aparato tecnológico, gostava de causar impacto e tinha ótimo faro para a publicidade.

Além de destacar novos elementos estéticos e técnicos a cada peça, buscava divulgá-las com fotografias minuciosamente elaboradas, que refletissem o espírito de suas montagens. As imagens eram construídas para "mostrar a beleza sensual das *girls* e vedetes e dar a conhecer o cuidado com o aparato cenográfico", de modo a aguçar o interesse e a curiosidade do público, destaca a atriz e professora Filomena Chiaradia, que dedicou um livro a investigar a iconografia da Companhia Walter Pinto.

O aspecto visual passava, definitivamente, ao primeiro plano. Nesse momento, a radiodifusão já tomara o lugar do teatro como principal meio para o lançamento de músicas. À progressiva decadência do modelo, Walter respondia com organização, requinte e grandiosidade.

No Recreio -- inaugurado em 1877, ainda com o nome de Variétés, que permaneceria até 1933 —, promoveu reformas como a instalação de assentos estofados, um luxo até então inédito entre os teatros da cidade. Eram cadeiras "superpullman", para as quais o ingresso tinha preço mais alto. O valor da entrada caía à medida que o espectador se distanciava do palco. "O balcão era mais barato, e a galeria, então, bem mais barata, para o 'zé-povinho', por quem eu tinha um carinho superespecial", explicou ele em depoimento ao Serviço Nacional de Teatro (SNT), em 1975.[23] O Recreio ganhou também uma passarela, que ligava o palco ao meio da plateia e permitia que as pernas das vedetes fossem observadas de perto pelos espectadores.

Valendo-se da formação em Contabilidade, Walter estruturou um organograma para seu teatro. Dividiu a administração por setores, cada qual com suas responsabilidades, e nomeou um guarda-livros para o registro de todos os créditos e despesas. O modelo profissional substituía a prática até então corrente: os dirigentes faziam os pagamentos aos artistas e técnicos com a arrecadação da noite, colocando no bolso o restante. "Inclusive o velho empresário do Recreio, que, quando as notas chegavam a 50 centímetros, mandava botar no banco. Ele media o dinheiro, empilhava o dinheiro e media. Não tinha escrita comercial, não tinha nada", relembraria Walter na sabatina.[24]

Nos anúncios de jornal, o vaidoso gestor muitas vezes destacava a própria foto em dimensões bem maiores do que as das estrelas da peça. Costumava se definir com um combo de funções: as de empresário, produtor, diretor de publicidade e também autor. O bordão "Walter Pinto apresenta" reforçava a construção da marca, cuja inspiração foi o norte-americano King Camp Gillette. Dono da empresa fabricante da lâmina de barbear que leva seu nome, Gillette acabou por transformá-lo em sinônimo do produto.

"Se eu apresentasse um espetáculo bom, a honraria seria das estrelas da peça. Diante disso, vi o que o messiê King Gilette tinha feito. Ele botava o retratinho dele nos anúncios e todo mundo passou a chamar a lâmina de Gillette", contou Walter ao SNT.[25] "Não é porque eu queria aparecer. Se quisesse aparecer iria ser ator, trabalhar no palco. Era o cuidado que tinha quanto ao que hoje se está vendo: vocês falam do Walter Pinto e não falam naquelas centenas de artistas que trabalharam comigo."

A estreia no Recreio, com *É disso que eu gosto!*, já seria triunfante. E comprovava seu tino comercial. O título da peça foi tirado de um choro de Vicente Paiva e Luiz Peixoto, que explodira nas emissoras de rádio de todo o país ao ser gravado por Carmen Miranda. A revista ficou em cartaz de 27 de dezembro de 1940 a 30 de janeiro de 1941 e voltaria para mais dez dias de apresentação após o Carnaval daquele ano.

Quando conhece Zaquia e a convida para integrar seu time de artistas, Walter já era, portanto, um sinônimo de sucesso. A atriz cumpriria, a partir de então, todas as etapas da ascensão de uma artista no organograma do teatro de revista. De *girl* a *soubrette*, daí a vedetinha, vedete e, enfim, "estrela".

Ser *girl*, ou corista, era o primeiro passo nessa hierarquia. Cabia a elas compor o fundo do palco, sem participação nos quadros. As *soubrettes* já tinham direito a "cantar e dançar um pouquinho", como explicou certa vez a atriz Mara Rúbia.[26] A participação aumentava no caso das vedetinhas, estágio preparatório para o sonhado posto de vedete. Às "estrelas" dava-se a prerrogativa do nome em destaque nos letreiros, no cartaz e nos anúncios de peça.

Era comum que as futuras vedetes chegassem às companhias sem o preparo técnico adequado. Aprendiam a cantar, dançar e movimentar-se no palco observando as mais experientes. A história de Mara Rúbia é sintomática. Sua entrada no mundo artístico também se deu por intermédio de Walter Pinto e lembra a de Zaquia. Ao chegar pela primeira vez ao escritório do produtor, ele lhe perguntou:

— Você sabe cantar?

— Eu canto — respondeu Mara.

— E dançar?

— Eu danço.

— Faz então um *plié*.

Ela não tinha ideia do que diabos era aquilo.

— Já representou? — insistiu Walter.

— Não senhor.

O empresário deu uma baforada no cachimbo, pensou por alguns segundos e pediu para ver as pernas da candidata a *girl*.

— Fiquei igual a um peru, me inflamei toda — revelaria ela em depoimento ao Museu da Imagem e do Som do Rio de Janeiro (MIS-RJ).[27] — Levantar a saia é muito feio — disse a Walter. E prosseguiu: — Se eu mandar o senhor descer suas calças, o senhor desce?

O cachimbo caiu da boca do produtor.

Ato contínuo, Mara pediu dinheiro emprestado para comprar um maiô na Casa Lu Modas, tradicional loja situada na rua da Assembleia. Ao voltar, apresentou o recibo, entregou o troco e se trancou no camarim para vestir a peça. Mas quem disse que conseguiu sair de lá? Apesar da pane, foi contratada.

A estrela da companhia era Dercy Gonçalves, que testemunhou a incrível capacidade do empresário em atrair mulheres bonitas para sua trupe. "Quando a gente precisava de garotas, colocava um anúncio: 'Precisa-se de *vamps*.'"[28] Foi assim, dispostas a encarnar o protótipo da mulher fatal, que Mara Rúbia e muitas outras chegaram ao escritório de Walter.

No caso de Zaquia, a estreia como *girl* aconteceria em 1944, na peça *Barca da Cantareira*, de Geysa Bôscoli e Luiz Peixoto. Seu papel se resumia a entrar no palco e abrir os braços. Mas nem mesmo essa prosaica função ela foi capaz de cumprir no dia da apresentação inaugural. Posicionada na oitava fila de um time de artistas encabeçado por Oscarito e diante do Teatro Recreio completamente lotado, viu-se tomada pelo nervosismo e ficou paralisada.

Na cabeça do elenco despontava novamente o nome de Dercy, destacada nos anúncios dos jornais como "a popular excêntrica".[29] *Barca da Cantareira* ultrapassou as cem apresentações. O sucesso foi tamanho que em seguida houve uma temporada no Teatro Santana, em São Paulo.

Conforme as sessões aconteciam, Zaquia conquistava espaço em cena. Passou à sexta e, depois, à quinta fila no palco, obtendo o direito de participar do coro e da dança. Entre as amigas, comentava com entusiasmo sobre esses pequenos avanços, confiante de que logo viria a oportunidade de se tornar vedete.

Com três sessões diárias e músicas de Custódio Mesquita, que chegara à companhia após trabalhar com Jardel Jércolis, *Barca da Cantareira* trazia alguns dos mais marcantes traços de Walter. Entre eles, o esmero com os cenários. "Walter Pinto faz de *Barca da Cantareira* uma de suas realizações mais perfeitas, com a colaboração dos consagrados cenógrafos Collomb, Santa Rosa, Raul de Castro, Lazary, Oscar Lopes e Roberto

Hull, que executaram magníficas apoteoses, entre as quais a intitulada 'Pantheon da Música', em catorze fases, que constituirão uma exibição de arte cenográfica", ressaltava o jornal *A Noite*.[30]

Dercy definia em uma frase o parâmetro de Walter — herdado de Manoel, pai do empresário — para avaliar o desempenho de uma peça: "O espetáculo era bom ou mau segundo o público, não segundo a crítica. Se ia muita gente, era bom; se não ia, não prestava."[31] Sob esse pressuposto, o trabalho vinha sendo bem-sucedido. Praticamente todo dia uma placa com o informe "Lotação esgotada" era fixada na bilheteria do Recreio. Ao fim da temporada, no entanto, a sempre inquieta Zaquia mudaria de ares. Deixou a equipe do produtor e ingressou na Cia. Beatriz Costa.

Nascida em Portugal, onde atuou como vedete e chegou a fazer cinema, Beatriz apostara no Brasil em 1939, fixando-se na capital. Sua empresa de revistas foi constituída em parceria com Oscarito, que ainda não trabalhava com Walter nem tinha a fama depois conquistada. As peças iniciais da companhia, centradas em autores lusos, miravam a vasta colônia portuguesa que vivia no Rio.

Zaquia entrou na companhia já em fase posterior, quando Beatriz se mudou do Teatro República para o João Caetano e passou a encenar textos de dramaturgos brasileiros, como Floriano Faissal e Freire Júnior. O trabalho, ainda como *girl*, tinha pouca visibilidade. As aflições de artista iniciante eram divididas com a veterana e chefe, a quem questionava se teria mesmo talento para algum dia se transformar em uma estrela. Beatriz a incentivava, contava das dificuldades que também enfrentara, mas a relação profissional entre as duas se revelaria fugaz. O convite para voltar ao time do poderoso Walter Pinto foi irresistível, e Zaquia cedeu.

Bonde da Laite, produzida pelo empresário em 1945, reunia 68 artistas. A peça tinha a assinatura da dupla Geysa Bôscoli e Luiz Peixoto, e era estrelada mais uma vez por Dercy. A novidade, propagada com pompa nos anúncios, vinha da participação de duas atrizes argentinas, Suzy Derqui e Aurea Nieves, e de dezoito bailarinas do mesmo país, trazidas ao Brasil

IMENSO CENÁRIO

por Walter. Na apresentação, o *speaker* as anunciava como um atrativo a mais para a plateia. O castelhano das artistas portenhas se fazia presente nos muitos números ao som de tangos e rumbas.

A peça contabilizou mais de duzentas exibições e, com teor marcadamente político, levou milhares de pessoas ao Teatro Recreio. Entre elas, membros destacados do Governo Federal, como o então ministro da Guerra Eurico Gaspar Dutra. Um dos quadros, "Apoteose das cores", trazia o inusitado diálogo entre Josef Stálin, Getúlio Vargas, Winston Churchill, Charles de Gaulle e Chiang Kai-shek, que dividiam um bonde "gentilmente cedido pela Light", como informava o *Correio da Manhã*.[32] Foi a primeira vez que Zaquia teve algumas falas em cena, mas seu nome não aparece entre os quinze artistas listados no roteiro da peça, nem nos anúncios veiculados nos jornais.

Ainda com Walter, naquele mesmo 1945, ela participaria como corista do espetáculo *Canta Brasil*. A peça escrita por Luiz Peixoto, Geysa Bôscoli e Paulo Orlando, dividida em dois atos, era outra sátira de fundo político. Esse traço se insinuava desde o prólogo, no qual diferentes frutas, legumes e verduras exibiam suas "virtudes" no afã de tomar parte no grande cozido à brasileira que a Política, uma das personagens, planejava fazer. Ao fim do quadro, Dercy Gonçalves cantava as qualidades do maxixe, com uma piscadela à política externa norte-americana: "O meu requebro só balança / Mas não cansa / Com meu tempero faço parte / Da política de boa vizinhança."[33]

Embora não interpretasse nenhum papel expressivo na montagem, Zaquia chamou a atenção da crítica por sua "beleza esfuziante",[34] como conta Salvyano Cavalcanti de Paiva no livro *Viva o Rebolado!: vida e morte do teatro de revista brasileiro*. Ela ganhava traquejo e se firmava na companhia. Um dos sinais da ascensão foi o convite para posar diante das lentes de Themistocles Halfeld, que era quase um fotógrafo oficial da firma. Os retratos de Halfeld, sempre carregados de glamour, serviam à divulgação das peças. E Zaquia não se limitava a tentar progredir como atriz. Prestava atenção à forma como Walter construía cada espetáculo, das soluções cênicas à pertinaz busca por um título instigante, que atraísse as pessoas ao teatro.

No ano seguinte, o empresário a escalou em *Nem te ligo!*, escrita por ele em parceria com Freire Júnior e estrelada por Oscarito, também no Recreio. O já famoso comediante interpretava um contínuo da Comissão de Aumento de Preços, arrancando gargalhadas da plateia com uma sátira ferina à carestia e à corrupção. Zaquia participava discretamente de quadros como as fantasias coreográficas "Noite em festa" e "Eterna luta". A crescente convivência com os principais nomes da revista, como Oscarito, se revelaria decisiva para que a atriz seguisse um caminho trilhado por muitos deles na época: o cinema.

DO PALCO PARA AS TELAS

Em 1898, o italiano Affonso Segreto captou, pela primeira vez, imagens em movimento do território brasileiro. A bordo do vapor Brèsil, com sua pequena máquina Lumière, ele filmou a baía de Guanabara. No mesmo ano, faria um curto registro da posteriormente extinta praia de Santa Luzia, que ficava colada à igreja, no centro do Rio.

Quase todos os filmes dessa fase incipiente tinham caráter documental e eram projetados em iniciativas isoladas de pioneiros como Affonso. Dois años antes, seu irmão Paschoal, em sociedade com o médico José Roberto Cunha Salles, inaugurara, na rua do Ouvidor, o Salão de Novidades de Paris. Foi a primeira sala fixa e regular de exibição do país. Mas a consolidação do cinema por aqui só se efetivaria muitos anos depois, na esteira da melhoria nos serviços de energia elétrica.

A população interessada em novas formas de entretenimento tornava o mercado promissor e, a partir do começo do século XX, a exibição se transferiria às mãos de empresários como Francisco Serrador e Luiz Severiano Ribeiro. Com a sonorização dos filmes, na década de 1930, os maquinários passaram a exigir pesados investimentos, restringindo a produção aos grandes estúdios. Em 1939, o presidente Getúlio Vargas assinou o Decreto nº 21.240, que tornava obrigatória a programação de, pelo menos, um filme brasileiro por ano nos cinemas. Os ventos sopravam a favor da indústria nacional.

IMENSO CENÁRIO

À Cinédia, fundada por Adhemar Gonzaga nove anos antes, logo se somaria a Atlântida Cinematográfica, de 1941. Essas duas companhias realizaram um total de 159 longas-metragens, além de mais de mil curtas. Na maioria dos casos, faziam o que se convencionou chamar de chanchada, que nada mais é do que um "filme-revista". Nas chanchadas, esquetes com sambas e marchinhas também pontuam a narrativa, muitas vezes quebrando a linearidade do enredo.

"A exemplo do que ocorria no teatro de revista, os bailados funcionavam, exclusivamente, como 'cortinas musicais', para facilitar a construção do roteiro e quebrar a continuidade", assinalou o diretor Carlos Manga, com longa estrada na Atlântida.[35] Os filmes aproveitavam também o tema e as canções de Carnaval em suas histórias. A identificação do público foi imediata, o que se comprovou nos sucessivos estouros de bilheteria.

Por conta da similaridade quanto à proposta formal e estética, vários dos atores e atrizes que brilhavam nos palcos da praça Tiradentes, como Grande Otelo e Dercy Gonçalves, logo apareceriam também na grande tela. As oportunidades se abriram igualmente para artistas em início de carreira, o que era o caso de Zaquia Jorge.

Sua entrada nesse novo ambiente profissional foi como um curso intensivo. Só em 1946, ano em que filmou pela primeira vez, ela atuaria em três filmes. Embora se resumissem a uma ponta, as participações tiveram direito a crédito na ficha técnica. A estreia aconteceu em *Sob a luz do meu bairro*, de Moacyr Fenelon, uma produção da Atlântida que chegou aos cinemas em abril e trazia nos papéis principais os atores Milton Carneiro e Humberto Catalano, além do radialista César Ladeira. O elenco contava ainda com a atriz Mara Rúbia e o cantor Carlos Galhardo.

Fenelon chegara à direção após a expertise demonstrada como técnico de som. Seus estudos nos Estados Unidos encaixavam-se perfeitamente em uma indústria que engatinhava e cuja urgência, naquele momento, era produzir filmes sonoros com qualidade. Ainda na função de técnico, fora responsável pela gravação sonora do primeiro musical brasileiro: *Acabaram-se os otários*, de 1929. O sistema ainda era o Vitaphone, baseado no uso de discos de vinil.

40 ESTRELA DE MADUREIRA

Atrás das câmeras, Fenelon viria a ser, ao lado de José Carlos Burle, um dos fundadores da Atlântida, que mais tarde teria como sócio também o exibidor Luiz Severiano Ribeiro. *Sob a luz do meu bairro* é o 18º longa do cineasta, cuja produção impressionava pela intensidade — foram 32 filmes em 25 anos de carreira.

Não existem mais cópias da produção lançada em julho de 1946, cuja história se debruça sobre os habitantes de um bairro pacato e pobre, principalmente as crianças, no decorrer do fim de semana. Trata-se de um "estudo psicológico",[36] segundo a crítica de *O Jornal*, que, assim como os demais periódicos, avaliou o filme sem muito entusiasmo. A ponta feita por Zaquia não mereceu menção em nenhum dos textos publicados pela imprensa.

Mas o mesmo Fenelon a convidaria para participar do elenco de *Fantasma por acaso*, seu filme seguinte. O longa marcou a estreia da atriz Renata Fronzi no cinema e trazia números musicais com Cyro Monteiro e Nelson Gonçalves. As filmagens aconteceram no estúdio da Atlântida, que ficava a dois quarteirões da praça Tiradentes.

Com a obra, Fenelon pretendia apagar o fracasso dos dois trabalhos anteriores — *Vidas solitárias*, de 1945, e o próprio *Sob a luz do meu bairro*. Daí a escalação de Oscarito, uma quase garantia de sucesso, no papel de protagonista.

Na trama, ele interpreta Zézinho, um homem de meia-idade com jeitão de Don Juan, que trabalha como faxineiro na Companhia de Aviação Albatroz. Certo dia, após o expediente, é atropelado e morre. Vai direto para o céu, onde duas moças, vividas por Renata Fronzi e Mara Rúbia, o recebem. Zaquia é a terceira recepcionista que, em rápida aparição, encaminha Zézinho para o encontro com Cândido, interpretado por Armando Braga. "Éramos as aeromoças do céu. O personagem dele [Oscarito] morria e ia com aquelas mulheres lindas e maravilhosas para o céu. Elas não serviam nada. Só ficavam paparicando ele. O cenário do avião era uma porta de entrada, uma parede, as nuvens pintadas e mais nada", lembra Renata Fronzi.[37]

Antigo dono da Albatroz e pai de Rubens, o finado Cândido então relata que antecipou a morte de Zézinho, pois precisava de sua ajuda para

IMENSO CENÁRIO

livrar o filho de uma vigarista. O servente é enviado de volta ao mundo dos vivos no corpo do empresário Daniel Matos com a missão de estragar a relação amorosa entre Rubens e a tal mulher. E, como em grande parte das tramas da época, a grande barafunda se instala. Era um enredo típico da chanchada.

Quando *Fantasma por acaso* ganhou as telas, Zaquia já havia aparecido em outro filme. Com *Caídos do céu*, a Cinédia pretendia comemorar o "Carnaval da vitória" — o bordão ressoava o slogan criado pela prefeitura do Rio de Janeiro em alusão ao fim da Segunda Guerra Mundial. A produção era classificada, nos anúncios, como "uma revista carnavalesca de outro mundo". Curiosamente, o lançamento se deu primeiro em São Paulo e a estreia no Rio só aconteceu em abril, após os dias de folia, o que resultou em uma mudança no material publicitário. Sem a referência ao Carnaval, *Caídos do céu* virou "uma comédia musical do outro mundo".

Criada por Luiz de Barros, que havia dirigido e trabalhado com Fenelon em *Acabaram-se os otários*, a história recorria novamente a uma viagem entre o céu e a Terra. Dessa vez é um casal do século XVIII — Rita Naftalina e Claudionor, vividos respectivamente por Dercy Gonçalves e Walter D'Ávila — que desce ao Rio de Janeiro em pleno Carnaval.

Hospedam-se na pensão comandada pelo italiano Giovanni, que é interpretado por Cesar Fronzi. Ele tem uma filha chamada Olinda. A moça é representada por Nelma Costa e se enrabicha por um galante sambista de nome Roberto Boaventura, papel de Átila Iório. O moralista Giovanni é contra o namoro e veta radicalmente qualquer possibilidade de casamento entre os dois.

Como observa o historiador Evandro Gianasi Vasconcellos, que estudou as comédias musicais de Luiz de Barros, Rita Nafltalina e Claudionor costuram a narrativa em movimento similar ao do *compère* e da *comère*.[38] O casal serve de elo entre sequências que muitas vezes parecem desconexas.

Luiz de Barros tinha passagem pelo teatro — montou revistas e dirigiu espetáculos no Cassino da Urca e no Cassino Atlântico — e vinha do sucesso de crítica de *O cortiço*, adaptação para a tela do romance homônimo de Aluísio Azevedo. O filme fora apontado como o mais relevante do cinema brasileiro no ano pela Associação Brasileira de Cronistas Cinematográficos e considerado o melhor da temporada pela Academia Brasileira de Letras (ABL). A volta de Barros à chanchada se impunha por razões comerciais. "A Cinédia precisava viver e um grande suporte financeiro era, sem dúvida, o proporcionado pelas chanchadas", relata em seu livro de memórias.[39]

Em *Caídos do céu*, além da direção, ele acumulou o argumento, a montagem e até parte da confecção dos cenários. As cenas passeiam por diversos símbolos da cultura popular, como o *dancing*, a emissora de rádio, o bloco carnavalesco e o estádio de futebol — umas das sequências iniciais foi filmada em São Januário.

A obra reúne um impressionante conjunto de atrações musicais, capitaneadas por artistas de sucesso na época. Herivelto Martins, com Dalva de Oliveira e Nilo Chagas no Trio de Ouro, canta "Ave-Maria no morro". Aparece também com sua escola de samba e na companhia de Francisco Alves, que interpreta "Vaidosa", do próprio Herivelto e de Artur Moraes. A voz de Marlene surge em "Vou sambar em Madureira", canção de Haroldo Lobo e Milton de Oliveira. Geraldo Pereira entra em cena com seu violão no samba "Olinda", de Herivelto e Heitor dos Prazeres, e Ataulfo Alves, com os versos engajados de "Isto é o que nós queremos", dele mesmo. Linda Batista e Isaurinha Garcia estrelam igualmente esquetes no filme.

Zaquia, cujo nome nos créditos é grafado "Zaquias", surge na cena em que Rita e Claudionor flagram Giovanni com a amante dentro de um táxi. No banco de trás do carro, com os cabelos presos, bem maquiada e trajando luvas, colar e brincos, ela cobra a "pulseirinha de brilhantes" que lhe fora prometida. Giovanni tergiversa. "E a plaquinha?", a moça insiste. Ele acaba por se justificar e estabelecer um prazo: até o fim do mês.

— Eu só espero até o fim do mês. Quero ver — responde ela.

— Você está contando? — retruca Giovanni.

— Estou sim.

Ele então toca o queixo da moça e balança levemente a cabeça dela, falando:

— Bilu, bilu, bilu, bilu, é do tamanho do meu coração.

À frente, invisível aos olhos do casal, a dupla de fantasmas faz comentários que nem eles nem o espectador podem ouvir. Mais tarde, usarão o episódio para atormentar Giovanni, ameaçando contar tudo para a sua esposa.

O longa dividiu opiniões. Se os elogios ao desempenho de Dercy ganharam contornos de unanimidade, o ator Chocolate,[40] tratado jocosamente como "astro *colored*"[41] por Fred Lee, de *O Globo*, foi chamado de imitador de Grande Otelo. A postura não chega a espantar quando se constata que, no mesmo texto, Lee afirma que o "filme é de Carnaval, gênero inventado pelo cinema brasileiro, que se baseia na tolice rasgada".[42] A exemplo da maioria das resenhas sobre as peças do teatro de revista, a apreciação partia da premissa de que a "carnavalização" é deletéria, vista como antagônica àquelas que seriam as formas "superiores" de arte.

ENFIM, VEDETE

A participação de Zaquia nos filmes ocorria em paralelo ao trabalho no teatro, que prosseguia sem interrupções. Ainda em 1946, ela reforçou os elencos da opereta *O camponês alegre*, texto de Vitor Leon montado por Walter Pinto no Teatro Glória, e da revista *Não sou de briga*, parceria do produtor com Luís Iglesias e Freire Júnior, que foi levada ao palco do Recreio. Walter ampliava seus domínios, agora com a companhia dividida em dois espetáculos paralelos, e Zaquia aos poucos assimilava o conhecimento das artistas mais experientes. Era uma formação empírica.

Assim ela chegou à etapa seguinte, como *soubrette*. Dercy havia montado sua própria companhia e convidou Zaquia a tomar parte em apresentações eventuais no Cassino Copacabana, do Hotel Copacabana Palace, e no trabalho de estreia da trupe no teatro: a peça *Sinhô do Bonfim*, encenada em 1947. O alto investimento feito pela comediante incluiu a encomenda do texto à dupla Geysa Bôscoli e Luiz Peixoto e a contratação de artistas em ascensão, como Mary Lincoln e a portuguesa Alice Archambeau, que acabara de brilhar no filme *O ébrio*.

Zaquia aparecia no prólogo, "As sete pragas do Rio", nas apoteoses e nos quadros "Marias e manés" e "A secretária do ministro". A recepção da crítica, porém, frustrou as enormes expectativas criadas quanto ao primeiro trabalho de Dercy como dublê de atriz e empresária.

No *Correio da Manhã*, o respeitado Paschoal Carlos Magno reprovava "imoralidade sórdida, vulgar, nojenta, barata, que se convencionou como sendo o que o público gosta".[43] De louvável, segundo ele, apenas alguns dos desenhos coreográficos de Madame Lou, a orquestra do maestro Armando Ângelo e o quadro de artistas jovens, entre os quais distinguia o nome de Zaquia.

Ela viria a integrar também o elenco de *Deixa falar*, espetáculo posterior da companhia de Dercy. Mais uma vez, Paschoal maldisse o texto de Geysa e Peixoto, no qual via um "excesso de palavras e movimento". Por outro lado, reservou elogios para a música de Zequinha de Abreu — "um reencontro com os dias de ontem da revista" — e para as atrizes, que "distribuem, com seus números, uma vivacidade, uma alegria que não cessa".[44] Zaquia era novamente mencionada.

Foi nessa época que teve o primeiro contato com Júlio Monteiro Gomes, conhecido nas rodas da cidade pelo apelido de Júlio Leiloeiro. Desquitado, bigode fino, cabelos grisalhos, trajando sempre a indefectível combinação de calça de pregas e camisa social para dentro, ele fizera fortuna vendendo joias, tapetes persas, casacos de pele, móveis franceses, conjuntos de porcelana para jantar, lustres de cristal e, claro, obras de arte, que também colecionava. Seus concorridos leilões aconteciam em diferentes pontos do Rio de Janeiro, quase sempre entre o centro e a zona sul. Eram divulgados em chamativos anúncios nos principais jornais da cidade.

Júlio teve atuação intensa, inclusive como conselheiro, no Clube de Regatas do Flamengo. Foi também sócio benemérito, membro da Comissão de Carnaval e, mais tarde, presidente do Tenentes do Diabo. "Teve a honra

IMENSO CENÁRIO

em muitos carnavais de ser escolhido para integrar a 'comissão de frente' nos cortejos crítico-alegóricos que o clube fazia desfilar na chamada 'terça-feira gorda', encerrando o tríduo de Momo", conta o cronista Jota Efegê. Montado em um portentoso cavalo, Júlio usava um *chapeau bas* — "como constava na jactante descrição do préstito", segundo Efegê — e acenava ao público, em agradecimento aos aplausos.

Entre os membros da sociedade carnavalesca, ganhara o apelido de "Popó". E na sede do Tenentes, à rua Senador Dantas, organizou animados bailes, alguns deles com a participação do flautista Benedito Lacerda. Júlio integrava o grupo "Vai haver o diabo", um dos muitos que gravitavam dentro da organização interna do clube. Os eventos lotavam o salão de festas, conhecido entre os agregados como "caverna".

O prestígio era tamanho que chegou a merecer uma música composta por José Barbosa da Silva, o referencial Sinhô. "Bem te quero", samba carnavalesco de 1927, é dedicado "ao amigo Júlio Monteiro Gomes". A canção homenageia os Tenentes do Diabo e foi gravada por Albertino Rodrigues e Gustavo Silva, acompanhados do grupo Choro do Sinhô.

O nome de Júlio circulava muito pelas colunas sociais, que destacavam eventos dos quais havia participado, o dia do aniversário e a movimentação pelos bastidores do mundo artístico. Nos tribunais, a presença era igualmente robusta. Por razões que quase sempre passavam pelo não pagamento a proprietários de bens vendidos em seus leilões, foi alvo de diversos processos — e condenações — entre os anos 1920 e 1940.

Júlio frequentava os *points* etílicos da turma do teatro, como o Café Teixeira, na Lapa, e o restaurante Stadt München, na praça Tiradentes. Entre dramaturgos, diretores e atores, conquistara respeito como espectador e, sobretudo, mecenas.

Foi justamente em uma dessas esticadas pós-espetáculo que ele conheceu Zaquia. Os bares e a turma já eram outros, mas a convivência com os artistas da ribalta perdurava. A paixão pela atriz novata de traços árabes alimentou um cortejo intenso e decidido. De feitio alegre, comunicativo e exuberante — como o qualificava Efegê —, Júlio conquistou as atenções da moça.

Não demorou até que começassem a namorar e menos ainda para que Zaquia se mudasse para o apartamento dele, na rua Santa Clara, em Copacabana.

Em paralelo ao casamento, nunca oficializado, ela continuava a escalada em direção ao posto de vedete. Em 1949, tomou parte em *Quero ver isso de perto!*, espetáculo produzido por Heber de Bôscoli no Teatro Carlos Gomes. A peça era assinada por Luís Iglesias e contava com músicas de Lamartine Babo. No elenco estavam Dercy, Oscarito e Renata Fronzi. Zaquia aos poucos ganhava espaço, que se traduzia na participação em dois quadros: "Camisa", ao lado de Oscarito, e "O rádio", no qual cantava "Amor na Penha", de Lamartine.

A veia musical começou a ser mais explorada a partir de então. Naquele mesmo ano, reapareceria em *Pinguinho de gente*, outro filme lançado pela Cinédia. A produção estava cercada de expectativas, já que, recém-convertida em diretora, Gilda de Abreu vinha de um retumbante sucesso com *O ébrio*. Estrelado por Vicente Celestino, seu marido, o drama sobre um cantor que afoga a própria carreira no álcool havia lotado salas de projeção ao longo de todo o país, de metrópoles a pequenas cidades, de bairros chiques a zonas suburbanas. Entre 1948 e 1950, levou cerca de 8 milhões de espectadores aos cinemas. O Brasil tinha, então, pouco mais de 50 milhões de habitantes.

Baseado no romance homônimo escrito por Gilda, *Pinguinho de gente* narra a história de Nini, uma menina pobre cujo sonho é ter a boneca que certo dia viu na vitrine de uma loja de brinquedos. Ela sabe que é quase impossível, pois sua mãe, a costureira Maria Lúcia, mal tem dinheiro para a alimentação da família. A protagonista foi vivida pela atriz mirim Isabel de Barros, e a mãe, por Vera Nunes.

A Cinédia não economizou na produção. Chegou a encomendar uma máquina de fazer neve e, ao fim dos trabalhos, era proprietária do filme brasileiro mais caro feito até aquele momento. O custo total foi de 1,5 milhão de cruzeiros, valor com o qual se podia comprar um luxuoso apartamento de três salas, quatro quartos, varanda e jardim de inverno na prestigiosa avenida Ruy Barbosa, no Flamengo.

Mas o desempenho nas bilheterias não repetiu, nem de perto, o triunfo de *O ébrio*. A combinação de altos investimentos na produção e fracasso na bilheteria abalou as contas da empresa. E se o fenômeno popular do trabalho de estreia de Gilda já não encontrara eco nos círculos da crítica, a situação seria ainda pior no caso de *Pinguinho de gente*.

"[O filme] veio decepcionar todo mundo, principalmente os que tomaram parte na sua realização, que a essa hora devem andar escondidos dos amigos e conhecidos, envergonhados de terem cometido outro filme nacional",[45] dizia a resenha do semanário *Cine Repórter*, antes de mirar a diretora. "A sra. Gilda de Abreu, depois de *O ébrio*, se teima em continuar desta forma no cinema não é por falta de conselhos e advertências mais ou menos delicadas para que desista."

Pinguinho de gente trazia inovações técnicas, como o uso da grua de ferro, que se deu justamente na cena em que Zaquia atua. Foi uma pequena ponta, remetendo novamente à experiência no teatro de revista. Ela era uma das dançarinas no quadro de fantasia "Sonho de Natal". Na passagem, que impressiona pela engenhosidade, vemos uma sequência de seis fileiras, cada qual com oito atrizes vestidas em trajes de baiana, que descem de mãos dadas uma escadaria ao som do samba "Senhor do Bonfim", de Vicente Celestino. Por emular o movimento de sucessivas quedas-d'água, a cena ficou conhecida entre os pesquisadores do cinema como a "cascata de baianas".

No ano seguinte, porém, Zaquia ensaiaria um novo e maior passo na carreira cinematográfica. Ambientada na Cinédia, onde conhecia do porteiro aos dirigentes, ela foi convidada para integrar o elenco de *Aguenta firme, Isidoro*.[46] O filme seria originalmente conduzido por Adhemar Gonzaga, dono da produtora. O retorno do empresário à direção chegou a ser saudado na *Revista do Rádio*, na *Fon-Fon* e em matutinos como a *Tribuna da Imprensa* e o *Jornal dos Sports*, mas a gestão de outros setores do estúdio impediu que assumisse sozinho a tarefa. O trabalho acabou sendo dividido com o autor do roteiro, Luiz de Barros, que já havia trabalhado com Zaquia em *Caídos do céu*. Ele e Adhemar se revezaram na regência das cenas e o filme foi rodado em apenas um mês.

Nenhuma cópia de *Aguenta firme, Isidoro* sobreviveu. Estrelada por Nelma Costa e pelo humorista Nicolau Guzzardi, mais conhecido como Totó, a produção repetia algumas das atrações musicais do filme de 1946, como Linda Batista e o Trio de Ouro — agora com Noemi Cavalcanti no lugar de Dalva de Oliveira. O *flyer* apresentava o filme como uma "desopilante comédia" cuja trama era centrada no regresso de um "cancioneiro"[47] à "Cidade Maravilhosa", onde tenta encontrar a esposa, que se mudara sem deixar o novo endereço.

Na antiga morada, vivia agora um caixeiro-viajante também recém-chegado. O rapaz logo deixa a casa para correr atrás de um médico, já que a mulher está prestes a parir. Confundido com um ladrão, termina atrás das grades. A confusão se instala de vez quando o cantor, muito semelhante ao homem detido, é confundido com ele e também impelido a achar socorro para a moça grávida. Para aumentar a bagunça, ressurge na história a esposa até então desaparecida.

Totó faz o duplo papel de cantor e caixeiro-viajante. E, como ator principal, contracena com Zaquia, que interpreta uma cartomante. O encontro se dá no corredor do prédio, que o protagonista atravessa quando é surpreendido por uma porta subitamente aberta. Do apartamento, sai a cartomante. Ela lhe pergunta:

— Está procurando alguém?

— Eu procurava o porteiro para saber o endereço de... — responde o cantor, que é interrompido.

— Já sei, meu filho. É aqui mesmo. Entre.

Então ela o puxa para dentro.

Zaquia usa brincos grandes, o cabelo levemente caído para o lado esquerdo, duas pulseiras no braço direito e dois anéis. Como relata uma das páginas que restaram do diário de filmagem de Adhemar Gonzaga, a ideia era retratar a personagem como uma mulher ousada, sexy e insinuante.

Já no interior do apartamento, o diálogo continua:

— Perdão... Eu...

IMENSO CENÁRIO

— Calma, meu filho. Não se assuste que eu sou a discrição em pessoa. Ninguém precisa saber da sua vinda aqui.

— Perdão, mas eu procurava...

— Eu sei, eu sei. Olhe, vamos beber um drinque enquanto preparo o que procura. Não quer saber o seu futuro, não faz mal.

— Olhe, dona, eu creio que...

— Não procure se justificar. Eu sei... Mas, sabe, desta vez não vai levar grande coisa...

— Levar o quê?

— É um amorzinho. Vá bebendo que eu já volto.

— Não vá buscar coisa nenhuma! E nem eu bebo nada. E nem fumo.

— Olhe que ninguém tem melhores despachos do que eu e agora mesmo venho de receber da Bahia, do Joãozinho da Soméra...

— Perdão, eu não vim bater à sua porta. Foi a senhora que me puxou para dentro. O que eu procuro já vi que a senhora não me pode dar.

— Não? Quem sabe? Experimente...

— Eu procuro minha mulher.

— Olhe, mocinho, eu negocio com amuletos, feitiços e despachos, mas não com mulheres. Vá saindo, seu engraçadinho!

Posto para fora depois das insinuantes falas da cartomante, o cantor fica furioso.[48]

A atriz tem no ombro uma pequena coruja — "a mais linda e meiga"[49] já vista, conforme as palavras do codiretor Luiz de Barros.

A cena é ligeira, mas nos anúncios veiculados na imprensa a menção a Zaquia aparece logo em seguida ao dos dois atores de frente, o que revela uma mudança de status dentro da Cinédia. O cachê de mil cruzeiros, contudo, contrastava com o da atriz principal, Nelma Costa, que recebeu o quíntuplo. E ainda mais com o de Totó, a quem a Cinédia pagou 25 mil cruzeiros pela atuação desdobrada em dois personagens. Em 1950, com esses 25 mil cruzeiros era possível comprar um automóvel Renault seminovo. Já mil cruzeiros correspondiam ao aluguel de um quarto mobiliado em Copacabana, que se firmava como a menina dos olhos da elite carioca.

No florescente bairro, aliás, um novo teatro acabava de ser inaugurado. Sob a batuta do casal Juan e Mary Daniel, o Follies se localizava "bem no coração do bairro grã-fino do Rio", como apontara o *Diário Carioca*.[50] Os dois eram argentinos, mas já haviam consolidado seus nomes no Brasil. Ela era atriz e acrobata, e ele, ator e cantor especializado em tangos e boleros.

O teatro ficava no andar térreo do Edifício Safira e tinha dimensões modestas, se comparadas às dos principais palcos de revista do Rio. No letreiro, à esquerda da loja, a palavra "Follies" aparecia em grandes caracteres que evocavam as notas de uma pauta musical. Do lado direito, havia um painel com o título da peça em cartaz, apresentando seus principais atores e atrizes. Não demoraria para o nome de Zaquia Jorge despontar ali.

3
Turbilhão de luz

Copacabana experimentava, naquele ano de 1949, o idílio da Princesinha do Mar eternizada na canção de Braguinha e Alberto Ribeiro. A população do bairro havia aumentado 1.500% entre 1920 e 1940,[1] e na década seguinte teria um crescimento de 74%, passando de 74.133 para 129.249 moradores.[2] Os arranha-céus começavam a tomar conta da avenida Atlântica e as ruas ganhavam lojas refinadas, restaurantes e cinemas. Nos anos posteriores, seriam inaugurados o Caruso, o Ricamar, o Alvorada, o Art Palácio, o Condor, o Riviera, o Copacabana e o Paris Palace.

A praia, por sua vez, tornara-se a capital dos novos costumes. Os cariocas deslizavam em suas ondas e faziam da areia um espaço de lazer, além de passarela para o desfile de corpos atléticos. À beira-mar também se jogavam peteca e renhidas partidas de futebol. Os jogos contavam com times devidamente uniformizados, atraindo atletas profissionais e artistas cujos nomes tinham o carimbo das colunas sociais. Heleno de Freitas, do Botafogo, vestia a camisa do posto 4, assim como os jornalistas João Saldanha e Sandro Moreira e o escritor Sérgio Porto. O técnico da equipe era Antônio Franco de Oliveira, o Neném Prancha, que se tornaria figura mítica no universo futebolístico graças às suas frases espirituosas. Depois da pelada, os jovens atletas com os hormônios em plena ebulição se postavam à frente do Teatro Jardel, na esquina da rua Bolívar com a avenida Nossa Senhora de Copacabana. Queriam ver as coristas que, durante os espetáculos, passavam pela marquise para chegar mais rapidamente ao palco.

Nessa época, o bairro já tinha o calçadão de pedras portuguesas que formam ondas, emulando o movimento do mar. Lojas requintadas com matriz no centro da cidade, como a Casa Sloper e a Confeitaria Colombo, haviam inaugurado filiais por lá. O centro da boemia carioca também começava a se deslocar para a oceânica zona sul.

O surgimento do Teatro Follies confirmava a nova fisionomia da cidade e acabou sendo beneficiado por uma decisão do Governo Federal que, a princípio, causara apreensão no casal Juan e Mary Daniel. No dia 30 de abril de 1946, o agora presidente Eurico Gaspar Dutra assinou o Decreto--Lei nº 9.215. Após uma série de considerações que aludiam à "tradição, moral, jurídica e religiosa do povo brasileiro, contrária à exploração dos jogos de azar", o dispositivo impunha o "fechamento dos cassinos em todo o território nacional".[3]

Logo correu o comentário de que Dutra havia tomado a medida sob a pressão de Carmela, sua esposa, conhecida como dona Santinha devido à notória carolice. Outros atribuíam o decreto a um trabalho de bastidor feito pelo então ministro da Justiça Carlos Luz. Ex-delegado da Polícia e ex-inspetor escolar, ele tinha ojeriza aos jogos de azar.

A lei recebeu o apoio da quase unanimidade dos jornais. Por outro lado, redundou na repentina demissão de cerca de 40 mil pessoas. Eram trabalhadores ligados ao serviço em torno do pano verde, de crupiês, cantores, arranjadores, dançarinas e aderecistas a cozinheiros, garçons, seguranças e manobristas. Muitos daqueles que se dedicavam à música se assentaram em novo ambiente: as boates de Copacabana. Vogue, Drink, Little Club e Night and Day foram algumas das casas noturnas onde, nos anos seguintes, copos de uísque tilintariam enquanto o piano acalentava canções de amor e sofrimento.

Juan e Mary estavam entre os desempregados. Versado nas artes teatrais, o casal juntou suas economias e resolveu apostar na compra do Gran Circo Atlântico. Mas o negócio, que de início lhes pareceu uma saída viável para fazer dinheiro, se revelaria um completo fracasso. Veio, então, o Follies.

Sua abertura se beneficiava da farta mão de obra proporcionada pelo fim dos cassinos e reforçava a onda dos chamados "teatros de bolso", que

TURBILHÃO DE LUZ

apostavam em revistas menos suntuosas do que as do modelo Walter Pinto. Para viabilizar as montagens, Mary somou o ofício de dramaturga ao de atriz e passou a escrever as peças que seriam encenadas em sua companhia. Zaquia foi convidada a se juntar à empreitada. Deixou a equipe de Walter levando consigo o companheiro Júlio, que ajudaria o Follies com um nada desprezível aporte financeiro.

O debute aconteceu em novembro de 1949, com o espetáculo *Já vi tudo!*. Concebida por Mary ao lado de Fabiano Faissal, que trabalhara com Manoel Pinto no Recreio, a montagem trazia um elenco encabeçado pelo famoso cômico Mesquitinha, alcunha de Olympio Bastos. Em razão das dimensões pequenas do teatro, eram duas sessões diárias, com vesperais às quintas, aos sábados e aos domingos.

A montagem satirizava a pompa das milionárias óperas do Theatro Municipal e dispunha de vários quadros musicais. "A revista *Já vi tudo!* é leve. Parece feita de espuma dourada. E é sobretudo limpa, em relação às outras revistas que aparecem por aí", avaliava a crítica não assinada do jornal *A Noite*.[4] A presença de Zaquia, alçada a um dos principais papéis, era referida em notas de diferentes veículos, entre eles a *Tribuna da Imprensa*, o *Diário Carioca* e *A Manhã*, que a grifava como "elemento de destaque"[5] no espetáculo.

Ela participava do prólogo, em que as atrizes representavam teatros da cidade, como o Municipal, o Rival, o Serrador, o Recreio, o Carlos Gomes e o próprio Follies, que era seu personagem. Estava também nos quadros "Recuerdos", no qual fazia par romântico com Juan Daniel; "Invasão do samba", ao lado de Carlos Tovar; "Boite Sans Surprise", com Mesquitinha; e na apoteose, encenada por todo o elenco.

Sentia-se à vontade na companhia de Juan e Mary. Criou laços de amizade, para além da relação patrões-empregada, e o fato de morar bem próximo ao teatro facilitava sua rotina. Ao longo do ano seguinte, atuaria em outras três peças.

Escrita por Jorge Murad e Mary Daniel, *Ele vem aí* foi encenada ao longo do mês de janeiro, abrindo a temporada. "Ele", no caso, era o presidente Getúlio Vargas. Assim como na montagem anterior, houve boa receptividade do público. O Follies parecia se firmar entre os moradores da zona sul, com poltronas estofadas e um potente ar-refrigerado que garantia conforto nas noites calorentas. Mas a crítica não perdoou o trabalho da dupla Mary e Murad. Na ausência de Mesquitinha, que reafirmara seu talento em *Já vi tudo!*, sobraram farpas para a trupe. "Com Mesquitinha, as deficiências do simpático elenco de Juan Daniel apareciam pouco, ou desapareciam quase", diz o texto publicado em *O Cruzeiro*.[6] Salvavam-se, segundo a revista, os cantores Juan Daniel e Linda Rodrigues e os quadros de fantasia, sobretudo aqueles encenados por Carlos Tovar e pelo time feminino, no qual Zaquia estava incluída.

Tô de olho, que entrou em cartaz no mês de março, promoveria a estreia de Grande Otelo no Follies. Após muita insistência, o ator conseguira uma autorização especial de Walter Pinto para assinar contrato com a empresa de Juan e Mary Daniel. A peça trazia de regresso ao palco a acrobata Alba, irmã de Mary. Atuando juntas, a duas haviam feito sucesso sob a direção de Jardel Jércolis ao longo da década de 1930. Na Cia. Grandes Espetáculos, de Jardel, eram apresentadas como legítimas vedetes espanholas. Foi lá que Mary conheceu Juan.

Alba abandonou a vida de artista após se casar, em 1943. Certo dia, visitava a irmã quando flagrou o cunhado desfiando um rol de lamentações. O problema era a falta de estrelas nas montagens do Follies. "Este gênero de casas de espetáculo requer estrelas que sejam completas, cantando, dançando e representando, pois o palco é pequeno e o elenco não pode ser grande demais", reportou Mary ao lembrar a fala de Juan.[7] Ficaram, os três, em busca de uma solução. "De repente, meu marido pulou da cadeira como um louco, deu dois gritos, tipo Tarzan, e exclamou: 'Achei, achei as estrelas! (...) Vocês! Mary e Alba voltarão ao teatro!.'"[8]

O esforço para retomar a preparação corporal depois de sete anos recolhida aos afazeres domésticos valeu a pena. A peça conquistou o público e a crítica. Em texto publicado na revista *O Cruzeiro*, Antônio Accioly Netto afirmou que a "montagem era um exemplo de como se gastar pouco com bons resultados, de como divertir o público sem lançar mão de imoralidade".[9] "Uma lição constrangedora para os chamados 'grandes' da praça Tiradentes", completava.

Com elogios ao "pequeno, mas selecionado *cast*", Netto mencionava o humorista Badu e "a morena Zaquia Jorge", a quem chamou de "a Princesa do Teatro". Ela protagonizava outros três números na peça — "Telepatas modernos", "Aniversário da bebê" e "Louca pela farda" —, retornando no esquete de encerramento, "Infernolândia".

Foi sob o clima festivo da repercussão de *Tô de olho* que estreou, no dia 8 de abril, um dos mais ousados projetos da companhia. *Boa noite, Rio!* tinha a assinatura de Alberto Flores, pseudônimo com o qual Mary firmava algumas de suas peças. À frente do elenco, que trazia Zaquia, a própria Mary e sua irmã Alba, estava novamente Grande Otelo. Artista já consagrado à época, ele recebeu intensos elogios por seu desempenho em cena, pelas ações de mímica e também pelos monólogos "com efeitos vocais bem dosados e eficientes", segundo Accioly Netto.[10] O canto elegante de Juan Daniel e a atuação do galã Carlos Tovar mereceram igualmente palavras doces do crítico de *O Cruzeiro*, que ressaltou o desembaraço de Zaquia em quadros como "O novo-rico", no qual se apresentava "indiscutivelmente, muito bem".[11]

Nesse esquete, ela contracenava com Otelo. Zaquia participava também do número que dava título à peça e de outros três, além da apoteose ("Aconteceu em Acapulco"), em que aparecia ao lado de todo elenco.

O teatro de Mary e Juan Daniel caíra no gosto dos moradores de Copacabana e dos bairros próximos. No *Jornal dos Sports*, Jota Efegê salientou o "bom gosto" na apresentação dos originais encenados: "São revistinhas simples, despretensiosas, que o esmero de suas montagens, a bem-cuidada direção que elas têm, as tornam em agradáveis espetáculos."[12] Efegê rendia elogios a dois dos "*sketches*" protagonizados por Zaquia — "Responda, Segismunda!" e "A criada fez greve" — e se derramava diante de Grande Otelo, "que agradou em todos os seus números". "Zaquia Jorge, atriz nova, está em franco progresso", enalteceu.

* * *

As peças no Follies produziam imensas filas na avenida Nossa Senhora de Copacabana. Moradora do posto 6, bem próximo ao teatro, a menina Carmelita Varella Alliz era uma das adolescentes que costumavam passar por ali e se admirar com o letreiro em neon onde os nomes das atrizes, inclusive o de Zaquia, se distinguiam. Carmelita contava os dias até chegar à maioridade para poder entrar naquele mundo mágico. Poucos anos depois, já com o nome de Carmem Verônica, não só entrou como subiu ao palco como atriz principal de dois espetáculos produzidos por Zilco Ribeiro, que assumira o teatro: *Adorei milhões* (1952) e *Doll face* (1954).

Outro fã bem jovem dos espetáculos do Follies era o adolescente João Carlos Daniel Filho. Primogênito de Juan e Mary, ele frequentava os bastidores das peças e vez por outra se agregava ao grupo que ia jantar e tomar cerveja em restaurantes vizinhos, como o Alcazar, o Marrocos e o Luccas. Zaquia estava sempre na turma, invariavelmente ladeada pelo apaixonado companheiro Júlio. "Ela era uma vedete meio *vamp*", lembra Daniel, que com o sobrenome "Filho" mais tarde se torna ator, produtor e diretor de sucesso no teatro, no cinema e na TV.

O desempenho de Zaquia no Follies levou-a a ganhar pela primeira vez uma reportagem de perfil. Com o título "Nova vedette para o Teatro de Revista",[13] o semanário *Carioca*, vinculado ao jornal *A Noite*, dedicou a capa e três páginas internas à atriz, que aparecia em fotos de corpo inteiro, ao lado de colegas, e tocando — ou fingindo tocar — acordeão.

"Deixou o teatro há dois anos como *girl*, com um salário de 1,5 mil cruzeiros, e voltou como 'estrela' do Teatro Follies, ganhando cinco vezes mais", incensava a chamada de capa. O texto do jornalista Ney Machado trazia muitos elogios à "morena de olhos grandes", "linda de rosto e de corpo", que sabe "cantar, dançar e representar".[14] A reportagem, contudo, não foi publicada na íntegra. Uma chamada na página 5 anunciava a continuação na página 60, mas, por um erro de edição, não havia sequência alguma e os leitores acabaram impedidos de acompanhar o resto da história.

AVENTURA E FRACASSO

Zaquia avançava em sua escalada profissional no teatro e uma nova oportunidade para a consolidação também no universo cinematográfico surgiu com o convite do diretor Miguel Marraccini[15] para que assumisse, pela primeira vez, o lugar de estrela em um filme.

A história de *Serra da aventura*[16] começa em 1947, quando a Biblioteca Infantil de São Paulo instituiu um concurso voltado à literatura juvenil. Marraccini escreveu um romance a fim de concorrer ao prêmio. Não conseguiu terminar a tempo de fazer a inscrição, mas o texto acabou sendo transformado em celuloide, às expensas do próprio autor.

O livro e, consequentemente, o filme centram-se na expedição engendrada por um grupo de cientistas atrás de ossos pertencentes a homens pré-históricos. Para isso, eles viajam até São Luís dos Confins, um modesto arraial interiorano. Trata-se da derradeira etapa antes de penetrar no sertão, onde passam semanas inteiras explorando grutas sombrias e rios caudalosos, e enfrentando o trio de assaltantes comandado por Pardal. O bando desconfia que os exploradores estão em busca de ouro e se infiltra na equipe à espera do momento ideal para a emboscada. Ao longo da trama, o espectador acompanha as dificuldades do grupo durante a exploração da área, a passagem por tribos indígenas e longos tiroteios.

Zaquia faz o papel de Elisa, a sobrinha do professor Artemísio Mota, "um dos mais eminentes cientistas do país".[17] O "homem de meia-idade e fisionomia serena"[18] montara a expedição após dez anos de estudos e esperava encontrar, nas cavernas, ossadas cuja descoberta teria repercussão mundial. Além de Artemísio e Elisa, integram a caravana o assistente do professor, Mário Ribeiro, o criado José, o guia Cortiça e a mula Josefina.

"Elisa de Azevedo era uma jovem muito linda e meiga, tinha apenas noções rudimentares sobre Antropologia. Mas pelo seu espírito de aventura, pela amizade e simpatia que a ligavam ao tio e ao assistente, insistira em participar da viagem", conta o autor no romance.[19] No enredo, ela se envolve afetivamente com Mário.

Apaixonado por ópera e por samba, Marraccini montou o elenco com base em pessoas próximas dele e sem inserção no meio cinematográfico. Nessa ação entre amigos, Zaquia era a exceção. É provável que o diretor tenha chegado ao nome dela por meio de Herivelto Martins, amigo em comum. Herivelto costumava participar dos filmes da Cinédia, alguns com a presença da atriz.

Em carreira ascendente, Zaquia juntava duas peculiaridades que se adequavam perfeitamente ao projeto de Marraccini: razoável exposição popular e cachê baixo. A proposta lhe interessou porque significava, enfim, assumir um papel principal no cinema.

Elisa desponta em algumas das mais marcantes passagens da trama. Se inicialmente parece uma personagem secundária em meio ao grupo de cientistas, passa ao primeiro plano quando a quadrilha de Pardal mata José e o professor Artemísio Mota. É ela quem impele Mário, já ferido, a fugir. Depois, como prisioneira do bando, será amarrada a uma árvore. Pardal e os comparsas a ameaçam, insistindo para que revele onde se encontra o suposto ouro. Uma intimidação que logo trará a sombra do abuso sexual.

As cenas de Zaquia foram destacadas nos *lobby cards*[20] do filme, alguns dos quais a mostravam de maiô ou em passagens românticas, por vezes as duas coisas juntas. Mário, seu par e galã da trama, ostentava um bigode típico dos astros do faroeste norte-americano, que a essa altura já haviam abandonado o figurino e optavam por rostos limpos, como o de John Wayne. Após derrotar a gangue de Pardal, Elisa e Mário se reencontram no devaneio amoroso. A expedição continuaria seus trabalhos e, com um parágrafo final sugestivo, Marraccini descreve o instante em que o casal descobre "uma pequena abertura, quase escondida", dentro das cavernas. "Por lá introduziram-se numa galeria plana, longa, reta, sem ramificações", encerra a história.[21]

Fora Zaquia, nenhum integrante do elenco teve maior visibilidade como ator após a atuação em *Serra da aventura*. Antonio Gonçalves, que interpretava o vilão Costeleta e trabalhou também como diretor de fotografia, ganharia proeminência nos anos seguintes, mas nessa segunda função. Como tal, participou de outros 71 filmes e séries, aí incluídas quase toda a filmografia de *Os Trapalhões* e obras dos diretores Carlos Manga e Carlos Hugo Christensen, entre outros.

"*Serra da aventura* foi uma típica experiência de amadores",[22] afirma Rodrigo Pereira, que pesquisa os filmes do gênero "faroeste-feijoada", termo com o qual denomina os *westerns* brasileiros.

Livro e filme tiveram lançamento conjunto, em 1950. Publicado pelas Edições Leia, de São Paulo, o romance com 184 páginas saiu em volume ilustrado por fotos feitas durante a gravação das cenas, cuja locação se deu no bairro carioca de Jacarepaguá.

Nas telas, o percurso foi mais acidentado. Sem o amparo dos grandes distribuidores, Marraccini recorreu à Cooperativa Cinematográfica Brasileira, fundada oito anos antes com o objetivo de facilitar a chegada de produções independentes ao mercado exibidor. Mas a iniciativa se revelou um fiasco. "Em 1948, o então presidente da cooperativa, João Tinoco de Freitas, havia testemunhado contra Luiz Severiano Ribeiro em um inquérito por prática de truste. A chance de *Serra da aventura* ter espaço na empresa do maior distribuidor era nenhuma", diz Rodrigo Pereira.[23]

A estreia ocorreu em São Paulo — algo incomum para uma produção carioca —, em quatro salas de bairro: Dom Pedro I, no Ipiranga; Sabará, na Vila Mariana; Jaraguá, na Lapa; e Vogue, em Santana. A data chama a atenção: 4 de setembro de 1950. Desde 1946, vigorava o Decreto nº 20.493, que aumentara de um para três a fração obrigatória de filmes brasileiros a serem exibidos por cinema anualmente. Faltando apenas quatro meses para o prazo fatal, *Serra da aventura* apareceu como uma solução fácil para o cumprimento da cota.

Nas salas paulistas, era projetado sempre em sessão dupla, tendo uma produção hollywoodiana como destaque. Assim se deu também no único cinema carioca em que o filme passou nesse primeiro lançamento. A exibição no Cine Alfa, em Madureira, teve início apenas em março de 1951. E precedia a apresentação de *Boston Blackie's Chinese Venture*, longa seriado com apenas 61 minutos, de origem também norte-americana. "*Serra da aventura* não foi lançado, foi jogado", resume Pereira.[24]

O filme ganharia mais uma chance no fim do ano graças à nova mudança na legislação. Em 19 de novembro, o recém-eleito presidente Getúlio Vargas, que assumia o segundo mandato, assinou aquela que ficou conhecida como "Lei do Oito por Um". A norma impunha um sistema de proporcionalidade: a cada oito produções estrangeiras, os cinemas deveriam exibir uma película nacional.

A mudança provocou uma corrida por filmes brasileiros, estimulando também a indústria produtora. E possibilitou que *Serra da aventura* reestreasse no Cine Rex, dentro da prestigiada Cinelândia, ainda que com o incômodo esquema do programa duplo.

Foi nesse momento que a obra de Marraccini conquistou alguma atenção nas páginas impressas. Mas a receptividade não poderia ter sido pior.

"Um rapaz dono de vários prédios de apartamentos e possuidor de boa renda arranjou uma câmera Eyemo e foi a Jacarepaguá fazer umas filmagens com outros amigos chamados Celso Camargo, Milton Carvalho, Alexandre Alencastre, Manoel Rocha, Marreco, Zé do Bambo e Pato Preto. Arranjou um operador que soubesse dar corda na câmera, Antonio Gonçalves, que também tinha papel importante na brincadeira. Para completar a graça, havia o Máximo Puglisi, o principal naturalmente, e para não faltar 'molho' foi fácil arranjar Zaquia Jorge para o papel feminino. Depois de tudo pronto, resolveram pôr som na brincadeira, que passou assim a ser de verdade, porque tinham dispensado um bocado de 'grana'", mostrava as garras, já nas primeiras linhas, o crítico Pedro Lima, do *Diário da Noite*.[25]

O rapaz em questão, continua Lima, "pensou até fazer um romance baseado no *film*, porque assim poderia fazer mais sucesso, e quem sabe cogitasse apresentar também uma radionovela, capaz de competir com *O direito de nascer*,[26] que estava rendendo muito". O problema, pondera o crítico em seguida, "foi chamar aquelas cenas todas de *film* brasileiro".[27]

Lima é taxativo ao afirmar que "nunca ninguém atuou e dirigiu de maneira tão desastrosa"[28] e que o filme batera "todos os recordes já estabelecidos pelos piores do mundo".[29]

Em outro texto, publicado em *O Jornal*, o mesmo crítico faz de Zaquia o seu alvo. "Zaquia Jorge, atualmente no teatro, só revelou aptidões negativas. Existe uma cena, quando seu pai[30] é assassinado, seu noivo ferido e dado como desaparecido, o acampamento tomado por três bandidos e ela aprisionada num toco de pau, que em vez de mostrar sentimento de dor ou de medo, fica sorrindo como se estivesse fazendo pose para 'lambe-lambes' de jardins públicos."[31]

A ferina desaprovação se repetia em publicações como *A Scena Muda*, que em crítica não assinada avaliou a obra como "fraca" e chegou a desqualificar até mesmo o local de projeção. "Um filmezinho que foi lançado superdiscretamente nos subúrbios cariocas, sem mais sem menos", desdenhou.[32] Na análise do desempenho de Zaquia, "um tipinho bonito de mulher",[33] havia a ressalva: segundo a revista, a atriz destoava positivamente em uma película que "não denota o mais leve conhecimento do que seja a narrativa cinematográfica".[34]

O fracasso de *Serra da aventura* se somou a outra relativa frustração que ainda latejava. Zaquia concorrera em 1950 no disputado concurso de Rainha do Baile das Atrizes, promovido pela Casa dos Artistas. O certame mobilizava todo o universo do teatro de revista e funcionava para o público como um ardente grito de Carnaval, já que acontecia na quinta-feira anterior ao início da folia. As parciais da votação eram anunciadas pela imprensa como se o concurso fosse uma disputa eleitoral. Ao todo, havia quatro apurações, que contabilizavam os votos dados pelos fãs em cédulas especialmente confeccionadas.

Na 18ª edição, competiam também Dalva de Oliveira, Linda Rodrigues, Virginia Lane, Mara Rúbia, Lourdinha Maia e Iza Rodrigues. Zaquia estava confiante no trabalho de seus cabos eleitorais e garantia aos amigos que conquistaria o título. Até a penúltima apuração, contudo, permanecia em segundo lugar. Juan Daniel chegou a fechar as portas do Follies para acompanhar a contagem final, levando todo o elenco da companhia para a sede da Associação Brasileira de Imprensa (ABI), onde o trabalho era realizado. Foram quatro dias praticamente ininterruptos. "De não dormir, Mara e Zaquia criaram olheiras", relatou *O Cruzeiro*.[35]

Após a contabilização dos 14.490 votos, a vitoriosa foi Mara Rúbia. A *platinum blondie* paranaense — nas palavras da mesma revista —[36] era representante do Teatro Jardel, de Jardel e Geysa Bôscoli. Zaquia recebeu 6.781 votos, 516 a menos do que a vencedora. Ela e Linda Rodrigues, terceira colocada com 412 votos, ganharam então o título de "Princesa das Atrizes". Se não era exatamente o que esperava, o prêmio de consolação ajudou a torná-la mais conhecida.

A coroação foi feita em um grande baile no Teatro João Caetano poucos dias após a apuração, com direito a chamada de capa nos jornais. Entre os convidados, Grande Otelo, Dercy Gonçalves e Bibi Ferreira.

O sucesso entre os jornalistas chamava a atenção. Zaquia merecia sucessivas menções, por exemplo, na coluna de Stanislaw Ponte Preta, pseudônimo com o qual o cronista Sérgio Porto — ele que cunhou o termo "teatro rebolado" para se referir às revistas — assinava suas colaborações à *Última Hora* e ao *Diário Carioca*. "Era uma mulher espetacular (...), teve muitos fãs e admiradores poderosos", dizia Dercy ao comentar a frequente aparição da colega na imprensa.[37]

A crescente fama, porém, não alterou sua rotina. Afora as incursões aos restaurantes de Copacabana, Zaquia costumava dedicar as horas de lazer a partidas de buraco, compondo com Júlio uma dupla tida como quase imbatível. O crítico teatral Mário Nunes, também fã do jogo, tornara-se um *habitué* no sobrado do casal. "Havendo folga ou oportunidade, lá estávamos nós empenhados na peleja e comentando coisas da ribalta e dos bastidores", conta em texto escrito quase um ano após a morte da atriz.[38] Outro hobby a que se dedicava era colecionar chaveiros e caixas de fósforos. Guardava com zelo os itens do acervo, exibidos aos amigos apenas em ocasiões especiais.

Zaquia não deixava de dar atenção também a Antônio Maria, seu cachorro de estimação. O inusitado nome do bicho rendeu a suspeita de que seria uma homenagem ao compositor e radialista homônimo, que nessa época trabalhava na Rádio Tupi. O esclarecimento foi feito pela *Revista do Rádio*: a inspiração viera de um parente.

Tanto no aspecto familiar quanto no profissional, a vida parecia nos trilhos. Mas a inquieta Zaquia estava sempre à procura de novidades. A atuação sobre os palcos já não lhe bastava e, com ajuda de Júlio, ela decidiu fazer um movimento audacioso: abrir seu próprio teatro.

PRAÇA GENERAL OSÓRIO

Inaugurado na praça General Osório pelo ator e dramaturgo José da Silveira Sampaio, o Teatro de Bolso foi mais um a se somar à tendência da criação de pequenos palcos na zona sul. O Jardel, com 192 lugares, surgira em 1948, mesmo ano no qual o Leme ganhou o Teatrinho Íntimo, que podia receber 148 pessoas. O Follies, com 235 poltronas, é de 1949. O novo espaço que surgia em Ipanema totalizava 102 cadeiras. Para se ter uma ideia, a lotação máxima do João Caetano era de 1.609 espectadores, número próximo às das demais casas do centro, como o República (1.585), o Carlos Gomes (1.341), e o Recreio (1.327).

Silveira Sampaio instalara seu empreendimento no imóvel onde antes funcionava uma loja. Formado em Medicina, área em que atuou e chegou a cursar o mestrado, tornara-se diretor não fazia muito tempo. A mudança de ofício se efetivou após inusitado episódio: presente a um ensaio da Companhia Aimée, ele resolveu fazer apontamentos sobre a interpretação de Mario Salaberry, ator que protagonizava a peça. O rapaz se indignou e abandonou a montagem, no que foi acompanhado pelo diretor do espetáculo, Delorges Caminha. Os dois se recusavam a ouvir pitacos de um amador. Inesperadamente, Silveira Sampaio recebeu um convite de Aimée para assumir o trabalho. Decidiu, então, abandonar a Medicina e retomar a paixão que nutria desde a juventude.

Seu primeiro sucesso como dramaturgo, *A inconveniência de ser esposa*, aconteceu na própria Companhia Aimée, da qual só sairia quando as economias feitas ao longo de muitos anos permitiram que abrisse o Teatro de Bolso. De 1949 a 1951, ali encenou seus textos, na maioria comédias de costumes sobre a vida carioca.

Foram dois anos de intensas atividades na rua Jangadeiros. Sampaio já estava cansado de acumular funções, sobretudo as administrativas, quando recebeu uma oferta de aluguel do espaço. Os proponentes eram Zaquia, Júlio e o ator Fernando Vilar, que fora convidado pelo casal para se juntar à sociedade devido à sua experiência na área de produção.

A experiência no Follies sedimentava em Zaquia a convicção de que o modelo de teatros de bairro era um caminho sem volta. Com a ajuda de Vilar e o suporte financeiro do companheiro Júlio, ela tinha total confiança de que poderia fazer do Teatro de Bolso o palco ideal para uma mudança de rumo. Afinal, o espaço estava pronto, em plena atividade, não exigia reforma de qualquer natureza. O negócio foi fechado em março de 1951. Zaquia tinha apenas 27 anos.

A transformação almejada não se limitava a se arriscar, agora, na carreira de empresária. Dizia respeito, igualmente, ao ofício da interpretação. No Teatro de Bolso, ela pretendia se firmar como atriz de comédias não musicais e, por essa razão, a famosa preparadora de atores Esther Leão foi uma das primeiras contratadas da companhia. Esther era professora do Serviço Nacional de Teatro (SNT), onde ministrava a disciplina Arte Prática de Representar, com lições de interpretação de texto escrito, dicção, expressão, máscara, jogo de fisionomia e voz. Ela trabalharia com um elenco liderado por Zaquia e pelo sócio Vilar — que se notabilizara nos palcos e nas telas pelos papéis de galã —, além de veteranos como Oswaldo Louzada e artistas em início de carreira. A recém-formada companhia contava com oito atores fixos e sete pessoas no setor técnico-administrativo, entre elas Abrahão Jorge Filho, irmão de Zaquia.

A iniciativa recebeu ótima acolhida na imprensa. A revista *Carioca* publicou reportagem de duas páginas, com o exclamativo título "Zaquia Jorge comprou um teatro!".[39] Ilustrada por fotos da atriz ao lado de Vilar, a matéria trata com entusiasmo a novidade, informando que seria feita uma campanha publicitária para "mostrar ao público que é preciso ver do que é capaz uma mulher artista".[40] Elogia também o que chama de "audácia" de Zaquia: "adquirir um teatro antes mesmo do próprio apartamento". Ignorava que o contrato era de locação, não de compra.

Em sua coluna na revista *O Cruzeiro*, Antônio Accioly Netto salientou que, ao arrendar a "simpática casa de espetáculos da praça General Osório, a atriz Zaquia Jorge conseguiu que os habitantes da zona sul não ficassem privados de um teatro que iria ser transformado em loja de armazém de secos e molhados".[41] "É portanto com grande simpatia que se deve, em primeiro lugar, examinar a iniciativa dessa moça bonita e inteligente que, saindo do palco de revista, e dispondo agora de bens de fortuna, gasta seu dinheiro comprando um teatro, torna-se empresária e resolve mudar de gênero, abraçando a comédia dentro das melhores intenções de realizar temporadas com originais e boa classe", exaltava o crítico.[42]

A informalidade do ambiente contrastava com o modelo luxuoso dos palácios do centro. Segundo a revista *Rio Magazine*, comandada por Roberto Marinho, o empreendimento de Zaquia era "um teatrinho de bairro onde se entra sem formalidade alguma, sem pudor indumentário, em camisa de gola aberta, como se entra para comprar um maço de cigarros ou tomar cafezinho".[43]

Os espetáculos tinham sessão única de segunda a sexta, às 21 horas, e três apresentações aos sábados, domingos e feriados, às 16 horas, 20 horas e 22 horas. Já na primeira peça, a transição proposta por Zaquia — da revista para a comédia não musical — teve a devida demarcação. *A inimiga dos homens*, que entrou em cartaz pouco menos de um mês após o aluguel do imóvel, era uma comédia em três atos escrita pelo francês Raoul Praxy, com tradução de J. Ribeiro. Um típico *vaudeville*, no qual a agora também empresária interpretava a protagonista Maria Cândida. O elenco trazia ainda Hortênsia Santos, João Martins, Iza Rodrigues, Rodolfo Carvalho e Fernando Vilar.

Ao resenhar a montagem, Antônio Accioly Netto destacou o desempenho de Zaquia como o melhor em cena: "Com um papel demasiado forte para sua nenhuma experiência, principalmente no segundo ato, onde deve contracenar seguidamente, em estado de grande tensão nervosa, saiu-se da prova muito melhor do que se poderia imaginar."[44]

Em *A Noite*, Ney Machado confessou certa surpresa com a performance da atriz, vinda de "uma carreira intermitente no teatro de revista".

"Podemos dizer que Zaquia saiu-se bem no novo gênero. Já nos quadros de revista, nos *sketches*, demonstrava sua plasticidade fisionômica e seus recursos de voz. Fez uma Maria Cândida convincente, e convencer em teatro é coisa primordial."[45] Ney mencionou o nervosismo natural em uma noite de estreia, dando o devido desconto, e teceu elogios aos figurinos, aos cenários e à movimentação dos atores no pequenino palco, "motivo de louvor para Francisco Moreno, que os dirigiu".[46]

O aplauso da crítica não significou um chamariz para o público. Mas Zaquia e Vilar ficaram entusiasmados e se dispuseram a dobrar a aposta. A peça seguinte seria *O dote*, original de Artur Azevedo que havia feito sucesso em 1907. Também em três atos, a comédia versava sobre a história de um casal em constante conflito. Ângelo não suporta os gastos de sua esposa, Henriqueta, e devolve o valor recebido do pai dela como acerto pelo casamento. É quando descobre que a mulher está grávida.

Zaquia e Vilar mostravam confiança no projeto e, de novo, a receptividade da crítica foi boa. "Se pode constatar a frescura, o mérito permanente dessa comédia do primeiro decênio deste século, pois, a par do timbre romântico, que pode parecer obsoleto, tem a qualidade literária e o vigor documental, que se torna realmente saboroso, de costumes elegantes do Rio recentemente transformado por [Paulo de] Frontin e Pereira Passos", sublinhou Raul Lima, no *Diário de Notícias*.[47] A resenha ressaltava a atuação de Zaquia como a frívola Henriqueta.

Dessa vez, a peça foi sucesso também de público, e a companhia Zaquia Jorge & Fernando Vilar teve que postergar a programação por mais algumas semanas para dar conta da procura por ingressos. Lançado em junho, o espetáculo permaneceu na programação até fim de agosto. Os planos da dupla pareciam dar certo e Júlio respirava aliviado com a relativa folga nos gastos para a manutenção do teatro e do elenco fixo.

Foi por pouco tempo. *Dois maridos em apuros*, a montagem que veio logo em seguida, tinha como base um texto do português José Augusto Correia Varella. Radicado no Brasil havia muitos anos, Varella escrevera a peça com o título original de *Os águias*, em 1924. Assim como em *O dote*, a história se passava no Rio de Janeiro e envolvia as conturbadas relações entre homens e mulheres. Oscar e Felisberto eram os tais "águias", que desejavam se ver livres do jugo das esposas Lydia e Laura por alguns dias a fim de participar de uma boa farra. Elaboram, então, a tramoia: a suposta morte de um tio de Oscar, que ensejaria uma viagem para questões de sepultamento e inventário. Felisberto é convidado a acompanhar o amigo e a situação redundará nas reviravoltas peculiares da comédia de costumes. A forma era semelhante à do sucesso anterior, mas o resultado foi bastante distinto.

"Sente-se que se trata de um *vaudeville vieux-style*, cheio de quiproquós oriundos de uma ingenuidade primária, daqueles que dão vontade ao espectador de, da sua própria cadeira, explicar ao intérprete como deve solucioná-los", disparou Gustavo Doria, crítico de *O Globo*.[48] Sobrou também para Zaquia, que interpretava uma das cortesãs: "A ausência de conhecimento de texto foi uma das características do espetáculo, notadamente por parte da estrela Zaquia Jorge, que, vez por outra, tropeçava nas palavras, quando não trocava o nome dos seus interlocutores." Doria dizia ser uma falha lamentável, "mormente numa atriz que principia a conquistar o seu público e que tem a obrigação de se apresentar em cena com perfeito conhecimento de seu papel".[49]

Palavras duras vieram também do jornal *O Dia*, no qual a crítica Maria Santacruz reiterou a dificuldade de Zaquia com o texto, afirmando que a posição de estrela na peça era um "imerecido pedestal".[50] Feito o reparo, a articulista ressalvava a boa integração entre os atores. O conjunto, segundo ela, resultava em um espetáculo despretensioso, cujo objetivo principal — suscitar o riso — era alcançado.

Em *O Cruzeiro*, Antônio Accioly Netto aumentou a fervura: "[a peça] não passa de um amontoado de complicações inverossímeis, que podem fazer rir pelo absurdo das situações, mas que, por fim, enfadam pela sequência de acontecimentos sem nexo, num teatro da pior categoria possível".[51] O contraste com os colegas de *O Globo* e *O Dia* se dava quanto à avaliação de Zaquia, a quem Accioly Neto viu "muito à vontade no papel duma cortesã".[52]

Com o fracasso da montagem, houve uma curta interrupção nas atividades. O dinheiro escasseou e Zaquia redobrou o empenho na peregrinação por apoio do Serviço Nacional de Teatro (SNT). A função essencial do órgão vinculado ao Ministério da Educação e Saúde era promover ações de estímulo e proteção ao setor.

Em maio, durante a temporada de *O dote*, ela já havia solicitado um auxílio de 80 mil cruzeiros para sua empresa, sob a justificativa de que se tratava de uma "companhia nova, com elementos puramente nacionais" e que "desenvolve neste momento um esforço quase sobre-humano para levantar um teatro de comédias que já estava desmoralizado e decrépito".

Com as contas ainda mais desequilibradas, faria nova ofensiva. No dia 15 de agosto, Zaquia e Vilar remeteram ofício ao presidente da entidade, Aldo Calvet, no qual, após se identificarem como "empresários do Teatro de Bolso", listavam as dificuldades encontradas. "Estamos na iminência de fechar, deixando desta forma de dar trabalho a 20 pessoas que vivem exclusivamente do teatro nacional", dizia o documento.

Em seguida, a dupla expunha sua proposta: o aluguel do Teatro de Bolso pelo SNT, que assumiria também o pagamento das contas de telefone e luz, além dos salários dos empregados responsáveis pela limpeza, mediante a importância de 15 mil cruzeiros mensais. Na resposta, dada uma semana após o recebimento do ofício, o SNT argumenta que a dotação não tinha sido aprovada porque não se enquadrava nas previsões legais que regiam seu serviço.

Antes mesmo de saber da recusa, os dois empresários haviam enviado outro ofício à instituição. Datado de 20 de agosto, o pedido repetia os fundamentos do documento anterior, mas reduzindo quase à metade a quantia. O valor pleiteado passava a 8 mil cruzeiros.

A insistência foi premiada. Se não alugou o espaço, como propunham Zaquia e Vilar, o SNT concedeu no fim de agosto um auxílio de 40 mil cruzeiros à companhia. Não era um benefício exclusivo. No documento em que anunciava o amparo financeiro, o órgão listou vários grupos teatrais, entre eles os comandados por Procópio Ferreira, Jaime Costa, Carlos Tovar e Geysa Bôscoli.

Mas o aporte foi fundamental para a nova investida do Teatro de Bolso: a peça *Mulher despida*, que estreou em outubro. A comédia do francês Paul

Nivoix, escrita em 1927, ganhou tradução de Gustavo Doria — ele mesmo, o crítico de *O Globo*. Ao trabalhar sobre a trama que narra os avanços e recuos na história de um casal, Doria buscou dar cor local ao texto, com a inclusão de peculiaridades do comportamento da elite concentrada na zona sul do Rio. "Esta peça é o espelho excessivamente fiel de uma camada da sociedade carioca, a de Copacabana, a da juventude Coca-Cola", definiu Claude Vincent em sua crítica na *Tribuna da Imprensa*.[53]

A coluna de Doria em *O Globo* tampouco economizou elogios ao texto que o próprio titular do espaço traduzira. Na resenha creditada a um interino cujo nome não é identificado, o jornal exaltava a habilidade de Nivoix na construção dos diálogos travados pelo casal, "que envolvem com malícia e vivacidade uma insignificante história de amor".[54] Sobraram mesuras ainda para o trabalho feito pelo colunista: "Tratando-se de uma peça francesa, fez o sr. Gustavo Doria esquecer por completo esse detalhe, valorizando-a para o público carioca com a apresentação de um ambiente e linguajar 'copacabanesco' que terá sido, já que a todos falou mais de perto como 'coisa nossa', a causa do êxito na conquista permanente do interesse."[55]

Talvez como remédio contra os recentes comentários negativos na imprensa, Zaquia havia escalado Esther Leão como diretora do espetáculo. Foi ela, Esther, quem pediu a Doria que traduzisse o texto para o português.

"A presença de um diretor competente é indispensável em qualquer elenco. Falo certa do que estou dizendo, o que sinto realmente, uma vez que o teatro de comédia exerce uma grande sedução sobre mim e eu pouco a pouco vou descobrindo uma série de recursos, uns decorrentes dos outros, que, sem dúvida, muito concorrem para formarem um profissional, de maneira condigna. Por isso é que recorri a dona Esther Leão",[56] justificava Zaquia quanto à substituição de Francisco Moreno, que havia feito a direção das montagens anteriores.

A mudança foi notada pela crítica. Em resenha não assinada, o *Jornal do Commercio* comentou "a benéfica influência do dedo mindinho" da nova diretora no que diz respeito à movimentação dos artistas em cena. "Zaquia Jorge, principalmente, ganhou muito em desenvoltura, fazendo as muitas caminhadas que o palco permite com recursos novos."[57] Segundo o texto, Zaquia melhorara também as suas inflexões, embora ainda houvesse defeitos de pronúncia, sobretudo na emissão dos "as" de certos plurais. O jornalista a aconselhava: "Agarre-se ela à competência indiscutível da sra. Esther Leão e estude muito que acabará vencendo mesmo."[58]

Em *O Globo*, o mesmo interino que saudara o texto de Nivoix e a tradução de Gustavo Doria engrossou o coro no aplauso. Segundo ele, Zaquia confirmara os méritos artísticos e também os físicos: "Elegante e vistosa, ajustou-se com felicidade às situações ousadas que o gênero não dispensa."[59]

O projeto era montar espetáculos ligeiros, mas com o máximo rigor. Daí a busca incessante por corrigir os possíveis erros apontados pela crítica. A mudança de status de Esther Leão dentro da companhia tinha sido um golaço e ela foi mantida como diretora na peça seguinte.

As pernas da herdeira, com texto assinado por De Leone, estreou em novembro. No programa, era anunciada como "um engraçadíssimo e malicioso original brasileiro".[60] O enredo girava em torno da disputa entre o filho Polycarpo e o neto Zezinho pela herança de Bonifácio, um senhor já bem idoso. Vivido pelo veterano Oswaldo Louzada, Polycarpo era casado com Celina, interpretada por Wanda Kosmo, e, enquanto aguardava a morte do irmão, dedicava-se ao ócio, gastando por conta a bolada que esperava receber. Zezinho, o sobrinho-neto, então decide entrar na jogada e convence Margot, sua amante, a seduzir o tio-avô.

Zaquia interpretava a falsa ingênua Margot, pivô de toda a confusão. As tais "pernas da herdeira" referenciadas no título da peça eram as suas. No papel de Zezinho, estava Jorge Dória, ator que tinha seu batismo nos palcos. "O que marcou nitidamente o novo cartaz do Teatro de Bolso foi a estreia de um moço que já fez cinema e que pela primeira vez se apresenta em teatro. Foi um *début* auspiciosíssimo, que nos dá margem a assegurar uma bela carreira de jovem ator", ressaltava o *Jornal do Commercio*.[61]

Dória era próximo a De Leone, pseudônimo de Leone Dória Machado. Nascido Jorge Pires Ferreira, adotou o sobrenome do amigo ao escolher seu nome artístico. De Leone o procurara após chegar da Europa, onde se impressionou com a qualidade das comédias. "Quando voltou, o Leone me convidou para escrever uma peça com ele", contaria Dória. "Me apresentou um texto muito bem escrito, que só poderia ser plágio de alguma coisa que ele viu por lá. E como achava que era um cara engraçado, cheio de imaginação, pediu para eu modificar o que achasse necessário e colocar umas coisas de humor, o que eu quisesse."[62]

Acompanhado do amigo, Dória levou a peça para Zaquia ler. Ela de pronto se entusiasmou. Nos créditos da autoria, porém, o nome do ator não aparece.

A crítica do *Jornal do Commercio*, que exaltava o estreante, chegou a cogitar sua participação como coautor do texto, mas sem cravá-la. Para Zaquia, não sobrou confete algum. A resenha não assinada dizia que seu progresso estacionara em *As pernas da herdeira* e chegava a espinafrá-la: "Precisando fazer uma cena que demonstra embriaguez, ela não convence, dando-nos a impressão de que tomou mesmo foi Coca-Cola."[63]

A peça teve bom desempenho no que se refere a público, mas a casa cheia não significou equilíbrio nas contas. Entre pagamentos ao corpo de artistas e despesas administrativas, o prejuízo já totalizara quase 1 milhão de cruzeiros. Quem sentia no bolso era Júlio, que, apaixonado e reverente a Zaquia, quitava as dívidas. Como se fosse pouco, topou embarcar no novo projeto da companheira: a criação de dois teatros, um em Madureira e outro na Tijuca.

A novidade foi anunciada em notas publicadas por diferentes diários e mereceu matéria de duas páginas, salpicadas por fotos, no jornal *A Manhã*. A reportagem informava que Zaquia já havia adquirido dois imóveis e queria espalhar seus teatros de bolso pelo Rio, "com elencos volantes e preços reduzidos".[64]

A aventura em Ipanema durara um ano. Zaquia e Vilar ainda tentaram recorrer ao SNT, propondo novamente que o órgão alugasse o espaço para que não fechasse as portas, mas o pleito não foi acolhido. Sem saída, entregaram de volta o imóvel da rua Jangadeiros a Silveira Sampaio. Ele manteria o teatro até 1956, quando o passou às mãos do ator e atleta do Fluminense Aurimar Rocha.

A marcha de Zaquia rumo à zona norte estava prestes a começar.

4
Um trem de luxo parte

A Churrascaria Madureira funcionava na loja de número 314 da rua Carolina Machado, em frente à principal estação de trem do bairro. Equipada com ar-refrigerado, algo pouco comum no comércio da época, promovia pequenos shows, animados por uma banda que se exibia no palco ao fundo da área central. A ornamentação evocava os cassinos da cidade, com púlpitos decorados para os músicos. À frente deles, e bem à vista de quem ocupava as mesas, ficava a pista onde se apresentavam as dançarinas metidas em roupas decotadas e cheias de brilho.

Zaquia conhecera o restaurante no começo de 1951, ao participar da festa de aniversário de uma amiga. No dia da confraternização, a churrascaria tinha todas as suas mesas tomadas. Não estavam lá apenas os convidados da festa, mas também muitos moradores do bairro. Ao ver a animação das pessoas com os números do show, ela notou que havia em Madureira um público potencial para a revista. Faltava, contudo, um teatro.

Essa percepção reverberou em conversas com suas amigas, como a atriz Esther Tarcitano, e foi amadurecendo até se transformar na proposta feita a Júlio e Fernando Vilar: abrir uma casa de espetáculos no bairro que era conhecido como a capital dos subúrbios.

Em 1951, Madureira já não tinha o perfil rural do passado. Seu desenvolvimento, atrelado à expansão da cidade e à inauguração de duas estações ferroviárias — Estrada de Ferro Central do Brasil e Linha Auxiliar —, dera-lhe nova feição. A exemplo de Copacabana, o bairro se transformara em um "subcentro", um polo econômico deslocado em relação ao núcleo originário da cidade.

O crescimento ocorreu a partir da linha férrea, núcleo irradiador do aumento da densidade populacional e do consequente incremento do comércio. Progressivamente, as ruas próximas às estações foram ocupadas por lojas, que deslocavam as residências para regiões mais distantes dos pontos de embarque e desembarque.

Desde a década de 1940, Madureira estava consolidada como referência comercial e de serviços para os moradores de outras localidades na zona norte. Tornou-se um costume ir até lá para comprar roupas, tecidos e artigos escolares, buscar serviços de advocacia e contabilidade, ou se submeter a consultas médicas. O raio de influência chegava às cidades da Baixada Fluminense.

Quando Zaquia compareceu à festa na churrascaria, o bairro já contava com uma agência do Banco do Brasil, filiais de lojas consideradas chiques, como a Casa José Silva, e duas escolas de samba do grupo principal: Portela e Império Serrano. A primeira, àquela altura, somava dez títulos. A segunda, fundada havia apenas quatro anos a partir de uma dissidência da Prazer da Serrinha, acabara de ser consagrada tetracampeã do Carnaval.

Madureira tinha ainda três movimentados clubes sociais. O Madureira Tênis, localizado na estrada Marechal Rangel (atual avenida Ministro Edgard Romero), era célebre por seus luxuosos bailes. O Imperial Basket Club, na estrada do Portela, se destacava pelas modalidades esportivas, como o vôlei, o futebol de salão e, claro, o basquete. O Madureira Atlético Club, por sua vez, era voltado fundamentalmente ao futebol de campo. De seu campo de treinos saíram talentos como Didi, Evaristo de Macedo e Jair Rosa Pinto. Em 1971, as três associações se fundiriam, dando origem ao atual Madureira Esporte Clube.

O Mercadão funcionava na antiga sede da Marechal Rangel, onde depois seria instalada a quadra do Império, e já conjugava nessa época a oferta de hortifrutigranjeiros com produtos para as religiões de matriz africana. No lugar das barracas de madeira que o caracterizavam anteriormente, contava com boxes para os vendedores, escritórios para os maiores atacadistas e uma área de recuperação dos caixotes, com melhor estrutura de atendimento ao público.

Outro ícone no bairro, a Escola Normal Carmela Dutra rivalizava com o Instituto de Educação, situado na Tijuca, como referência para as meninas que desejavam se tornar professoras. O escritor e compositor Nei Lopes, que naquele tempo morava em Irajá e estudava na Escola Visconde de Mauá, em Marechal Hermes, passava sempre pela entrada da Carmela quando ia pegar o bonde 98, no ponto da estrada Marechal Rangel. Ele lembra como as normalistas inspiravam as conversas no Café Haya, onde a boemia local se reunia no balcão sobre o chão de serragem para beber chope e prosear. "No Haya, tinha de tudo: músicos à procura de baile, sambistas a fim de samba, soldados do Exército comemorando baixa, bicheiros, bookmakers...", recorda-se Nei.[1]

Ali perto ficavam o Cine Alfa, que se distinguia pela construção em estilo *art déco*, e o imponente Cine Coliseu. Além dos dois, Madureira contava com o Cine Beija-Flor — um típico "poeira",[2] localizado na rua Antonia Alexandrina (atual João Vicente). Nenhum deles tinha menos de mil lugares na plateia.

O incremento nos serviços e na vida social refletia o aumento da população. Se, no censo de 1910, Madureira totalizava 27.206 habitantes e nem figurava ainda como bairro, duas décadas depois a soma de moradores já atingia 111,3 mil. Em 1950, o número chegou a 156.933, um crescimento da ordem de 41%.

As condições para a criação de um teatro, portanto, estavam dadas. E a ousada ideia de Zaquia Jorge ia ao encontro dos apelos da imprensa local. "A população suburbana evoluiu bastante e não se contenta apenas com as fitas de 'mocinhos' exibidas nos cineminhas de seus bairros, onde o desconforto das 'poltronas' se torna um suplício intolerável diante da 'indiscrição' das pulgas", ponderava a *Subúrbios em Revista*,[3] publicação mensal cuja redação se localizava justamente em Madureira. O periódico fazia a cobertura dos acontecimentos em praticamente todo o subúrbio carioca, abrindo espaço para registros sociais como casamentos, aniversários, festas de debutantes e a inauguração de lojas.

A primeira tentativa do trio Zaquia, Júlio e Vilar foi a locação do Cine Coliseu. Tratava-se de uma sala de projeção em perfeito funcionamento, o que facilitaria a conversão do imóvel em teatro. Mas as negociações fracassaram.

Surgiu, então, a oportunidade de arrendamento de uma antiga loja de ferragens que ficava na rua Carolina Machado, 386, bem próxima à Churrascaria Madureira. Mesmo com o inconveniente da necessidade de obras e, por extensão, de maior aporte financeiro, a transação andou. A opção pelo arrendamento se justificava: o contrato tinha prazo mais extenso se comparado a um aluguel e, no caso de futura compra, todo o montante pago durante o período de uso do imóvel seria descontado do preço final. Júlio mais uma vez bancava o projeto. Antes de completar 28 anos, e após a embaraçada experiência em Ipanema, Zaquia passava a ter seu próprio teatro.

A notícia de um novo palco para a cidade foi recebida com entusiasmo no meio artístico e na imprensa. "Um verdadeiro presente para os suburbanos (...). Os preços serão popularíssimos, capazes de fazer frente aos cinemas, que são hoje, infelizmente, o único hábito do povo: 20 cruzeiros a poltrona e 10 cruzeiros o balcão", saudou o jornal *A Noite*.[4] Referindo-se a Zaquia, o diário salientava que ela "está fazendo, sozinha, o que a municipalidade ainda não pôde fazer". E anunciava a intenção da jovem empresária em abrir um segundo teatro, na praça Sáenz Peña.

Empolgados, Zaquia, Júlio e Vilar não imaginavam ainda a penosa luta que teriam pela frente, sobretudo por conta de questões burocráticas. Um embate que se desdobraria ao longo de todo o ano de 1951.

O primeiro imbróglio aconteceu em junho, logo após o arrendamento do imóvel: a prefeitura não autorizou a consecução do projeto arquitetônico. Entre as alegações da Secretaria de Obras estavam o descumprimento das exigências normativas quanto ao alinhamento do prédio e a falta de largura mínima nas portas de saída.

Em julho, após fazer as devidas adequações, Zaquia enviou ofício ao prefeito João Carlos Vital, no qual solicitava a urgente aprovação da planta, mesmo que em caráter provisório. Mas o processo não andou. Outra petição foi protocolada quatro meses depois. A atriz pedia uma solução para o pleito, já que o documento estacionara na Secretaria de Obras. Nesse mesmo mês, ela recebeu o apoio do SNT, que remeteu telegrama a

Vital. "Elenco Zaquia Jorge ameaça dissolução em virtude impossibilidade realizar obra Teatrinho Madureira pt Rogo Vossa Excelência autorizar aprovação planta referida instalação casa espetáculo urgente vg título precário vg vindo essa inestimável colaboração auxiliar companhia recuperação teatro nacional", dizia o comunicado assinado pelo diretor do órgão, Aldo Calvet.[5]

Em novembro, Calvet recorreria novamente ao prefeito, insistindo no pedido. Enviou telegramas também ao diretor de Viação e Obras, Alim Pedro, e ao engenheiro Jorge Diniz, responsável pela aprovação, ou não, da planta. No primeiro, afirmava: "Tendo sido embargadas obras de instalação do teatro madureira vg constituindo semelhante determinação sério prejuízo Empresa Teatral Zaquia Jorge vg solicito intervenção urgente V.S.ª a fim tenham prosseguimento referidas obras."[6] A Diniz, suplicava boa vontade para que a capital pudesse contar com mais uma casa de espetáculos.

Nessa batalha particular, Zaquia tinha igualmente o auxílio de Ney Machado, crítico do jornal *A Noite*. Ney escreveu seguidos textos em sua coluna nos quais fazia a defesa do projeto da atriz, muitas vezes com apelos diretos — e cheios de acidez — ao prefeito.

"Há quatro meses, Zaquia e a firma construtora lutam para obter licença para as obras. Como o prédio fica em zona de recuo obrigatório, recuo que se processará num futuro mais ou menos longínquo, Zaquia pediu licença a título precário. No mesmo alinhamento, obras novas receberam licença a título precário, inclusive um edifício de apartamentos. Todos tiveram esta regalia, menos o teatro nacional. Parece mentira, mas é verdade. Cansada de esperar, Zaquia, representada pelo seu procurador, foi ao gabinete do prefeito. Ele foi atendido pelo secretário Afonso Pena. Prometeu que iria tratar do caso, 'uma coisa simples, desde que fosse provisória a concessão para obras e funcionamento'. Até hoje a empresária aguarda solução", protestava na coluna de 8 de novembro.[7]

De pouco adiantou. No mesmo dia em que o texto foi publicado, o Departamento de Fiscalização de Obras da Prefeitura embargou as obras que vinham sendo executadas no interior do prédio. Com elas, Zaquia tentava adiantar a construção até a obtenção do alvará de licença.

Ney voltaria à carga no dia 14. "Zaquia Jorge vem andando de Herodes para Pilatos, tentando obter licença da prefeitura para inaugurar o seu Teatro de Madureira [sic]. Chega-se à conclusão de que todo esse falado auxílio que a prefeitura pretende dar ao teatro nacional é boato, nada mais que boato. Leis e mais leis já foram aprovadas, autorizando isso e aquilo em favor da ribalta; mais de meia dúzia de teatros de bairro estão aprovados pela Câmara do Distrito. Tudo isso fica no papel. Quando um artista, lutando com o máximo de sacrifícios, empenhando suas joias e valores, emprega todo o dinheiro na construção de um teatro, a prefeitura se nega a dar licença para as obras", queixava-se, diante de nova negativa do Executivo municipal.[8] "A desculpa é que o prédio de Madureira está em zona de recuo; entretanto, licenças provisórias já foram dadas às dezenas, até para um edifício de apartamentos. Por equidade, Zaquia Jorge requereu licença provisória e nada conseguiu."[9]

Segundo o jornalista, depois de prometer que resolveria o caso, o gabinete do prefeito "empurrou o 'abacaxi' para as mãos do novo secretário de Obras, sr. Alim Pedro". "Vamos ver se resolverá mesmo ou se isto é nova conversa para boi dormir. Se a Secretaria de Obras é contra o teatro, deveria dizê-lo francamente, para que novos empresários não se metam na loucura de construir casas de espetáculos com seu próprio dinheiro", cobrava Ney.[10]

Sete dias depois, em sua coluna no *Correio da Manhã*, Paschoal Carlos Magno se somaria à batalha em favor da liberação do projeto. Contava que havia estado pessoalmente em Madureira, ao lado de Júlio e Vilar, e os dois pediram sua intervenção no caso. "Sua Excelência sabe que há várias leis municipais mandando construir teatros, um deles, por exemplo, em Madureira", ponderou, dirigindo-se ao prefeito João Carlos Vital. "A prefeitura não dispõe de terrenos nessa zona, que são todos vendidos a preço alto. Vem um particular e resolve construí-lo. Nada mais justo que ajudá-lo a levar avante sua empreitada. Assim não pensam determinados cavalheiros da administração da cidade. Daí o martirológico que tem sido para a sra. Zaquia Jorge — onerosos gastos e prejuízos a têm afrontado — com a construção do Teatro Madureira."[11]

Após tantos protestos, o prefeito anunciou que a obra seria enfim liberada. Só não havia combinado com seu estafe. Em plena semana do Natal, o engenheiro Luiz Adolpho Magalhães, representante do município, esteve em Madureira para intimar a interrupção dos trabalhos que acabavam de ser retomados. Ney Machado reproduziu o diálogo entre Magalhães e o funcionário da Empresa Zaquia Jorge:

— O prédio está fora do alinhamento, visto isso, não pode entrar em obras.

— Mas seu doutor, o prefeito já deu ordem para que as obras fossem feitas e que a licença fosse concedida em caráter precário...

— Não interessa. Não tenho essa ordem escrita. Enquanto não estiver o preto no branco, as obras ficam paradas, nem que eu tenha que fazer embargo policial.[12]

Ney rogava a João Carlos Vital que assinasse uma portaria, pois a ordem verbal fora ignorada. "Zaquia Jorge já gastou um dinheirão para reconstruir aquilo, já empenhou joias, já emagreceu 6 quilos, já viu surgirem vinte cabelos brancos. E se a má vontade de um pode prejudicar a coletividade, então, sr. prefeito, vamos fechar essa cidade para balanço", ironizava.[13]

O *Jornal do Commercio* também deu apoio a Zaquia, dedicando ao episódio títulos cheios de sarcasmo: "Os embargos da prefeitura", "Pra que teatro em subúrbio?", "Os danosos efeitos de uma ordem verbal". "Sua Excia. falou, mas não escreveu", resumia o texto do diário, para depois argumentar: "O lógico, o normal, o exato seria que todas as facilidades cercassem a ideia que Zaquia Jorge tratou logo de pôr em prática. Nada mais justo do que se anularem de pronto os clássicos e tradicionalíssimos entraves burocráticos que estão sempre a dificultar tudo quanto se quer fazer de bom e de útil nesta nossa terra. Mas parece que já é doença de brasileiro isso de se aperfeiçoar cada vez mais o sistema de atrapalhar as coisas úteis. Há, em nossa terra, um aprimorado sistema de se dar razão ao poeta Carlos Drummond de Andrade, pois, em tudo e contra todos, é hábito brasileiríssimo isso de se colocar não uma, mas muitas pedras no caminho."[14]

O repórter, que não assinou a matéria, elencou os benefícios que o Teatro Madureira traria para um público imenso, que "paga impostos, tem deveres de cidadania, e merece opções de lazer". Ao fim, evocava o benfazejo espírito natalino para pleitear que o prefeito, embora "atarefadíssimo com milhares de providências que ainda deve dar em processos administrativos", concedesse seu autógrafo no sentido de sustar em definitivo os embargos à obra, dando um presente "à população dos subúrbios da Central".[15]

O documento tão ansiado viria à luz em janeiro de 1952, quando enfim o Madureira pôde ter suas obras finalizadas. Mas os seguidos aborrecimentos com a construção tiveram consequências: Vilar decidiu se desligar do projeto. Zaquia desistiu também de abrir uma segunda casa na Tijuca. A garagem que havia comprado na praça Sáenz Peña, com vistas à instalação de um novo palco, foi posta para alugar.

CADEIRAS VAZIAS

Os planos para o Madureira eram ousados. Inspirada em Walter Pinto e no modelo do Teatro Recreio, Zaquia arquitetara criar no bairro um espaço de referência dentro do gênero revista. Uma das primeiras tentativas foi a contratação de Dercy Gonçalves para o elenco que começava a montar. Dercy recusou o convite. Zaquia logo iria perceber como era difícil convencer os artistas acostumados aos palcos mais ilustres da cidade a trabalhar no subúrbio.

Assim que as obras terminaram, ela promoveu uma visita dos jornalistas ao teatro. No dia 19 de abril de 1952, críticos como Mário Nunes, Brício de Abreu e Paschoal Carlos Magno, além de Jota Efegê e do presidente da Sociedade Brasileira de Autores Teatrais (SBAT), Raimundo Magalhães Júnior, puderam conhecer as instalações da nova casa e depois participar de uma confraternização na Churrascaria Madureira. Além de desfrutar do coquetel, eles viram os croquis dos cenários e dos figurinos criados para a peça de estreia. Zaquia, Júlio e todo o elenco estavam lá para receber os convidados.

O Madureira dispunha de doze camarins e 447 lugares, divididos entre plateia, mezanino e camarotes. Embora a boca de cena e o proscênio fos-

UM TREM DE LUXO PARTE

sem relativamente acanhados, o fosso à frente do palco se prestava bem aos movimentos da orquestra. As paredes internas tinham tons verde-claros e, do lado de fora, a luminosa fachada estampava os nomes da companhia e do próprio teatro. Não havia luxo, mas funcionalidade.

Zaquia contratou dezesseis artistas para a companhia. Havia programado a inauguração para 23 de abril, dia consagrado a São Jorge, de quem era devota. Alguns jornais da época chegaram a veicular notícias informando que a cerimônia ocorreu nessa data, mas a abertura, devido a problemas técnicos, só ocorreu de fato uma semana depois, no dia 30.

A peça de estreia, *Trem de luxo*, fora especialmente escrita por Walter Pinto e Freire Júnior. Amigos de Zaquia, a dupla se esmerou em ajudar, já que o meio artístico não disfarçava a aposta: seria um fracasso a abertura de um teatro fora do circuito do centro e da zona sul. Ela não dava ouvidos.

Na capa do programa do espetáculo, além das informações sobre horários, autores e o número de quadros, havia um aviso de que a recém--aberta casa se localizava "em frente à estação".[16] A informação sinalizava a facilidade de acesso.

Trem de luxo era uma sátira dos trens paulista e mineiro que passavam pelo bairro, e também da linha férrea suburbana. O prólogo trazia o primeiro cômico, Evilásio Marçal, e a atriz Lya Mara, com mais três atores. Na cena que dava título à peça, o destaque era Francisco Serrano. Zaquia subia ao palco no quinto esquete, "Dona Boa e os brotinhos", ao lado das *girls* da companhia. Obrigada a dar conta também das tarefas administrativas e de produção, ela atuava apenas na apoteose "Exaltação à Bahia" e em quatro dos 22 quadros.

A repercussão na imprensa foi razoável, com resenhas marcadas por elogios brandos nos diários *A Manhã* e *A Noite*, na *Revista do Rádio* e na coluna do sempre atento Jota Efegê no *Jornal dos Sports*.

Efegê ponderou que não se deveria exigir de um espetáculo realizado "em pequeno palco, sem recursos técnicos e sem poder contar com expressivo amparo da bilheteria, obra suntuosa, com foros artísticos, e que tenha no seu desempenho intérpretes de renome".[17] Sob essa premissa, aceitava a incidência de lugares-comuns e o que apontou como "certa vulgaridade" nas cenas cômicas.

Condescendente, argumentou que a trivialidade do roteiro buscava deleitar o "espectador comum, pouco exigente".[18] Ao desempenho de Evilásio Marçal e de Lya Mara, "uma lourinha bonita, atinada, que denuncia jeito para a revista", rendia elogios.[19] Já quanto a Zaquia, dizia faltar-lhe a destreza interpretativa que, segundo ele, uma vedete precisava ter.

Ney Machado qualificou a peça dirigida por Luiz Rocha como um espetáculo coeso, também ressaltando o desempenho de Evilásio Marçal. O ator que por muitos anos servira de "escada" a colegas de palco mais famosos assumia agora a condição de protagonista. "Evilásio dominou a revista e foi um dos principais fatores de seu agrado", sintetizou o crítico de *A Noite*.[20]

Ao analisar a performance de Zaquia, Ney elogiava a versatilidade em interpretar diferentes personagens, como a "perua" e a "amante do foguista da Leopoldina", mas novamente alertou para a falta de inflexão nas falas. Ao fim do texto, mesuras para a caneta do veterano Freire Júnior e uma conclusão laudatória: "O povo da zona norte e dos subúrbios tem um grande espetáculo para assistir e deve prestigiar com a sua presença esse milagre: um teatro em Madureira."[21]

Menos complacência seria reservada a Freire Júnior e Walter Pinto. A reciclagem de quadros já apresentados em outros espetáculos não passou despercebida da crítica. Como se tratava do espetáculo de abertura de um novo teatro, o artifício causou impressão ainda pior. "Conhecemos bem a força desses dois valores e por isso só podemos levar à conta de preguiça de ambos o fato de terem eles colocado em cena coisas por demais vistas no palco do Teatro Recreio, tais como 'Revanches', 'Existencialistas', 'Vendedora de beijos', 'Velhos amigos' e outras", reclamou Henrique Campos no jornal *A Manhã*.[22]

Segundo ele, "os srs. Freire Júnior e Walter Pinto sabem, perfeitamente, que o público do subúrbio também vai ao Recreio e por isso devia ter tido o cuidado de escrever coisas novas para um teatro novo, pois o que aparece de novo na peça agrada, como 'Medicina musical'".

Campos escrevia uma coluna também na *Revista do Rádio*, na qual recorreu a termos ainda mais duros para qualificar o trabalho dos autores:

UM TREM DE LUXO PARTE

"Freire Júnior e Walter Pinto deram-lhe um *Trem de luxo* cujos carros, velhos, já tinham trafegado pela via férrea do Teatro Recreio."[23]

Ter duas assinaturas de destaque na peça inaugural havia sido uma tentativa de atrair público para o Madureira já nos primeiros dias. Mas a estratégia traçada por Zaquia malogrou. E a claudicante temporada de *Trem de luxo* parecia dar razão aos descrentes.

O público de Madureira tinha mais afinidade com o cinema. As salas locais em geral programavam filmes hollywoodianos, como *Aventuras do Oriente*, produção da Metro-Goldwyn-Mayer, estrelada por Clark Gable e Rosalind Russell, que estava em cartaz no Alfa no dia de abertura do teatro. Naquela mesma data, o Beija-Flor exibia *Uma cidade que surge*, western de 1939 dirigido por Michael Curtiz e cujo astro era Errol Flynn. Apenas o Coliseu projetava uma película brasileira: *Tico-tico no fubá*, lançamento da paulistana companhia Cinematográfica Vera Cruz que trazia no elenco Anselmo Duarte e Tônia Carrero.

No dia da estreia de *Trem de luxo*, somente setenta das 447 cadeiras do Teatro Madureira estavam ocupadas, a absoluta maioria por convidados. As sessões seguintes tiveram uma média de quinze pagantes. Houve uma noite com míseros quatro espectadores e outra na qual a plateia era composta exclusivamente pelos funcionários da companhia. Zaquia atuava no palco e fora dele, trabalhando como gerente, administradora, secretária e bilheteira. Se fosse preciso, pegava a vassoura para limpar as instalações.

Pesava contra o teatro o tradicionalismo dos moradores, que se incomodavam com o modelo escrachado das revistas e a roupa das atrizes. Zaquia e as demais integrantes do elenco desfilavam pelas ruas vestindo tamancos, artigos então incomuns entre as mulheres de Madureira. "Ela foi a primeira mulher a usar calça comprida no bairro", disse o figurinista Mário Bastos, ao lembrar da época em que trabalharam juntos.[24] A trupe também frequentava os botequins locais, em incursões que não raramente iam até a madrugada. Às vezes, deslocavam-se até a Praça Seca, bairro próximo, onde o Bar Maracangalha mantinha as portas abertas 24 horas por dia. Um convite aos notívagos.

"Nós, artistas, na época não tínhamos a classe reconhecida ainda. Os homens eram tidos como veados, e as mulheres, como prostitutas", demarcaria Celeste Aída quase trinta anos depois, em depoimento ao dramaturgo Ronaldo Grivet.[25]

O olhar discriminatório se exacerbava quando voltado às atrizes do teatro de revista, que, quase sempre, dependiam da exposição do corpo. O aspecto visual nesse universo era determinante e preocupação contínua para as próprias artistas. Antes de subir ao palco, como forma de ressaltar o bronzeado, muitas se besuntavam com um óleo chamado Nujol, comumente indicado como laxante para o tratamento de constipação intestinal.

Dercy Gonçalves abordou muitas vezes a questão em suas entrevistas, sempre com a preocupação em fazer a ressalva de que, "embora naquela época vedete fosse sinônimo de puta, havia moças que não estavam a fim de ser biscate de ninguém".[26] Carmem Verônica tampouco se esquivou do assunto, tratado com escárnio em entrevista ao programa *Persona em foco*, em 2017. "Quando eu comecei a trabalhar, metade da família não falava comigo. Porque *girl* tinha aquela tradução, né? Hoje é tudo parente meu",[27] ironizou ela, que fez parte da companhia de Carlos Machado e está aposentada, recolhida em seu apartamento no Leblon.

Essa percepção torta sobre as atrizes atraía à entrada do Teatro Madureira os chamados "corujas". Eram pequenos contraventores que as abordavam para tentar oferecer carona, ou dinheiro, na expectativa de conseguir uma noite de sexo. "Recebíamos bilhetinhos, flores, bombons, até propostas financeiras. Um assédio sempre muito grande, parecia que a gente estava à disposição", conta a atriz Sandra Sandré, que integrou a companhia.[28]

No afã de superar as hostilidades, Zaquia apostava em uma política de boa vizinhança. Esteve presente à inauguração do aderaçamento do coreto do bairro para o Carnaval de 1952 e agiu para resolver o problema do transporte das artistas até Madureira. Pretendia facilitar a chegada e a saída de suas funcionárias e, como ganho secundário, espantar os "corujas". A maioria das integrantes do elenco residia próximo ao centro ou na zona sul. Ela então comprou a Kombi Lotação que faria viagens diárias para conduzir a trupe, com saída da praça Tiradentes, às 19h15.

Eram círculos distintos, como relata a atriz Eloína Ferraz, que passou pelos teatros da praça Tiradentes e também pelo Follies: "Quem costumava atuar na praça Tiradentes se reunia por ali mesmo. Se alguém estava desempregado, sentava-se nos cafés e nas leiterias para comer ou beber e, principalmente, para fazer contatos profissionais. O pessoal que ia trabalhar em Madureira com a Zaquia não tinha como frequentar os mesmos lugares. Os grupos tinham composições totalmente diferentes."[29]

O fracasso de *Trem de luxo* apressaria a estreia da segunda peça no recém-aberto teatro. Em *Mengo, tu é o maior!,* que entrou em cartaz em junho de 1952, Zaquia fez uma troca que seria de estilo e, também, geracional. No lugar de Freire Júnior e Walter Pinto, os jovens J. Maia — alcunha de José Cândido Maia Alves — e Max Nunes. Pelo menos no que se referia à recepção da crítica, a mudança deu certo.

Em *A Noite*, Ney Machado rendeu elogios à originalidade do texto e à qualidade das paródias da nova peça. No *Jornal do Commercio*, mais louvores à dupla: "Escrevem ao gosto do grande público, mas não chegam a fazer concessões excessivas. Disso resulta que o humor que eles fazem, quando é muito forte, não chega a ser desagradável. Não escrevem revistas para um público de alunas do Sion. Mas suas revistas não são impróprias para famílias."[30]

No espetáculo, Zaquia encarnava personagens tão distintos quanto um garoto, a mulher do açougueiro e a "presidente das solteironas". Mas, assim como os demais atores, não agradou em suas performances. "O texto estava cheio de coisas muito boas, mas o elenco se encarregou de reduzir pela metade o efeito que os quadros poderiam alcançar. Os maiores prejudicados, nisso tudo, foram os autores e a empresa. Os autores porque não tiveram o gosto de ver a sua revista devidamente valorizada, e a empresa porque não encontrou rendimento ideal nos seus contratados", ponderava o *Jornal do Commercio*.[31]

A fase realmente não era boa. Como se não bastasse a falta de público, a reação de parte dos moradores do bairro e as pancadas da crítica, Zaquia teve que encarar uma reforma da cobertura do palco, parcialmente destruída por 50 quilos de granizo que, levados pela ventania, entraram no teatro sem ingresso.

Os prejuízos se acumulavam e parecia não haver sequer uma miragem de desafogo no horizonte. Na tentativa de equilibrar as contas, ela enviou seguidos ofícios ao SNT em busca de subsídios financeiros, mas o aporte feito pelo órgão, se ajudou, não chegava perto de resolver o problema. Em 1951, recebeu 40 mil cruzeiros. No ano seguinte, a mesma quantia. O custo de cada espetáculo ultrapassava 130 mil, montante com o qual se podia comprar um apartamento de quarto e sala na Lapa.

A exemplo do que havia sucedido na época da obra, os apelos ressoaram nos jornais. O diligente Ney Machado chegou a defender que a prefeitura fizesse um incentivo direto ao Madureira, sob pena de desaparecer o único teatro suburbano da cidade. "O SNT não tem meios para ajudar, substancialmente, aquela casa de espetáculos. E o dilema de Zaquia é este: ou recebe subvenção da municipalidade, ou fechará, em fevereiro, as portas do Teatro Madureira. Outro grande auxílio seria a isenção do selo, a fim de que as entradas pudessem ficar abaixo dos 20 cruzeiros", propunha o jornalista, aludindo à tributação de 10% no valor dos ingressos pelo Tesouro Nacional.[32]

Na imprensa de bairro, Zaquia tinha apoio da *Subúrbios em Revista*, cujo diretor, Carlos Gomes Potengy, era um entusiasta do teatro e do cinema brasileiros. Toda edição trazia pelo menos uma matéria dedicada a esses dois universos e o suplício da atriz ganhou três páginas inteiras, nas quais Potengy lamentava: "A notícia é bastante contristadora, levando-se em conta que a população local, que vive entregue à própria sorte, abandonado pelos poderes públicos, não desfruta de locais apropriados onde possa distrair-se e, consequentemente, esquecer por momentos os problemas que o atormentam por falta de transportes, da carne e das explorações dos vendedores de gêneros de primeira necessidade e dos senhorios, sempre sedentos de fazerem fortuna fácil à custa do suor alheio."[33] Segundo Potengy, o povo suburbano não podia ficar indiferente à iniciativa de Zaquia Jorge e Júlio Leiloeiro, sob pena de voltar "novamente à estaca zero".[34]

Júlio testemunhou as noites de insônia da companheira e tentava ajudar. Em seu carro, levava e buscava Zaquia diariamente no teatro. O esforço era limitado pelos compromissos com as sessões de leilão, que tomavam seu tempo e impediam uma colaboração mais firme com a gestão do Madureira. No primeiro ano de funcionamento do teatro, os empréstimos contraídos para sanar dívidas já ultrapassavam 2 milhões de cruzeiros. Notas aqui e ali sugeriam que Zaquia deixaria o empreendimento, aventando a possibilidade de ir reforçar a companhia de Mara Rúbia e Renata Fronzi no Teatro Jardel.

A rotina não era fácil. Ela chegava em Madureira diariamente às 9 horas e, apesar dos reveses, mantinha a confiança. "O público há de compreender minha intenção. Eles merecem um teatro. E saberão reconhecê-lo", repetia aos amigos que a aconselhavam a jogar a toalha e voltar a trabalhar apenas como atriz.[35] Preocupada, Alda Garrido a convidou para atuar na peça que preparava para montar no Teatro Rival. Zaquia encontrou-a pessoalmente para agradecer. Disse que seria uma honra atuarem lado a lado e se desculpou por não poder fazê-lo.

A autoconfiança esbarrava na maré de problemas. Algumas *girls* vinham recebendo os salários pela metade. Por algumas semanas, foi instituído um sistema de cooperativa: os atores e atrizes simplesmente dividiam a soma do borderô, e a dona do teatro ficava sem nada.

O quadro se tornou ainda mais grave quando, no fim de junho, Evilásio Marçal resolveu deixar a companhia. O ator avisou a Zaquia que não subiria mais ao palco caso não lhe fossem pagas as quinzenas atrasadas. Júlio já havia informado que não sacrificaria seu patrimônio pelo teatro, e as dívidas se multiplicavam. A solução foi substituir provisoriamente Evilásio por Vicente Marchelli.

Ao saber que a ameaça de debandada alcançara as páginas dos jornais, Zaquia telefonou para Ney Machado, que dera a notícia, e solicitou um desmentido. Disse que não havia atraso algum nos pagamentos e Evilásio estaria arrependido de seu gesto, tendo inclusive pedido para ser reintegrado à companhia. Ney, porém, reiterou todo o conteúdo da coluna.

Em sua batalha para fazer dinheiro, Zaquia chegou a participar dos shows-revista da Boate Acapulco, em Copacabana, ao lado de Zé Trindade, Rose Rondelli e outros artistas. As apresentações começavam à 00h30, com repeteco às 2 horas. Dormir havia se tornado um luxo.

Como se não bastasse, teve que lidar com a censura. Agentes do Governo Federal ordenaram o fechamento do teatro enquanto se mantivesse, na fachada, o anúncio da reunião de um comitê supostamente ligado ao Partido Comunista Brasileiro (PCB), que se encontrava em estado de ilegalidade. Sem ligação alguma com o marxismo, Zaquia apenas atendera ao pedido de um amigo.

O Madureira logo reabriu, mas o cenário era desastroso. Os rumores de que baixaria de vez suas portas cresciam dia após dia.

MUDANÇA DOS VENTOS

Mengo, tu é o maior! ficou apenas um mês em cartaz. Na peça que entraria em seu lugar, Zaquia decidiu implementar algumas novidades. Estava convencida de que era preciso formar um público ainda não familiarizado com as revistas e que não tinha o hábito de ir ao teatro.

A primeira resolução foi criar uma aproximação mais direta. Daí a ideia de promover desfiles do elenco, em carro aberto, pelas ruas de Madureira. As atrizes participavam do cortejo com o figurino da peça, acenavam para os passantes, posavam para fotografias.

Em outra frente, Zaquia firmou parcerias com instituições locais, como o Madureira Atlético Clube, concedendo meia-entrada para os associados.

Mas a grande sacada foi mesmo a criação de filipetas. Distribuídos pelos comerciantes, os *flyers* ajudavam a divulgar as peças e, ao mesmo tempo, garantiam descontos a quem os apresentasse na bilheteria do teatro.

Para ajudar a fechar as contas mensais, Zaquia também abriu espaços para publicidade nos camarotes. Nos espetáculos seguintes, já era possível vislumbrar anúncios de agências de automóveis, lojas de autopeças e escritórios de contabilidade. Os programas das peças passaram a trazer anúncios em seus rodapés. Em geral, de comércios das proximidades, como a Churrascaria Madureira e a sapataria A Gentil do Méier.

O interior do teatro ganhou uma passarela, inspirada na que havia no Recreio, deixando as atrizes mais próximas da plateia durante os espetáculos. Do modelo firmado por seu ex-patrão Walter Pinto, Zaquia tirou também o mote "Empresa Zaquia Jorge apresenta", que começou a aparecer antes do título das peças.

Outra alteração foi de razão financeira. Os ingressos, que antes custavam 30 cruzeiros, tiveram seu valor reduzido para 25 cruzeiros. Já o assento no balcão, lugar mais em conta, passou para 15 cruzeiros — na época, o valor de uma entrada para cinema custava a metade disso.

As mudanças surtiram efeito. Quando a peça *Vai levando, curió* realizou sua primeira sessão, em julho de 1952, a impressão é de que a ventania se tornara uma suave brisa. O teatro estava surpreendentemente cheio e logo os comentários sobre o texto de Alfredo Breda começaram a correr de boca em boca.

Dramaturgo, compositor e produtor, Breda levava para o Madureira sua larga experiência nas montagens da praça Tiradentes. Logo se tornaria um colaborador habitual. O prólogo de *Vai levando, curió* era iniciado com a famosa marcha "Cidade Maravilhosa", de André Filho. Uma espirituosa conversa vinha em seguida, entre ela, a Cidade, e os Bairros, que respondiam em coro. Então surgia na cena um tal Mister Ford, "representante da indústria americana".[36] Ele queria conhecer cada canto do Rio e, em resposta, diferentes áreas se tornam personagens autocongratulatórios. É o caso de Copacabana, que se definia como "a grã-fina, zona dos bacanas e dos belos brotinhos",[37] e de Madureira, que ao subir no palco já dava a letra: "Movimento e confusão é comigo."[38]

A pedido de Zaquia, Breda incluiu no texto alguns afagos a políticos e figuras de influência no bairro. O vereador Salomão Filho, cuja base eleitoral ficava na região, e o diretor da *Subúrbios em Revista*, Carlos Gomes Potengy, eram explicitamente mencionados.

O encerramento do prólogo ocorria ao som de uma canção que exaltava marcas locais. A primeira estrofe dizia:

Madureira tem de tudo
Que a gente precisar
Desde a chita ao veludo
Bons sapatos pra usar
Tem cinema, tem teatro
Como tem na capital
Até pinta o diabo
Quando chega o Carnaval

Na sequência, vinha o refrão, com a vigorosa injeção de autoestima:

Madureira! Madureira!
A Cidade Suburbana
Gente pobre, mas ordeira
Melhor que Copacabana[39]

Também nos quadros havia menções ao bairro. Em "Garota da sinuca", o jogo era destacado como "o preferido pela rapaziada" de Madureira. Já em "Mulher moderna", ao definir seu próprio tipo, a protagonista lembrava que "não é só na porta da Colombo que há velhos babões e rapazes gaiatos". "Aqui em Madureira a mulher moderna não escapa aos 'pisilones' maliciosos dos conquistadores de esquina quando passa sassaricando", dizia.

Essa demarcação de território era mais uma investida de Zaquia para se achegar ao público do bairro e *Vai levando, curió* acabou cativando também jornalistas pouco acostumados a se aventurar em solo suburbano. Foi o caso de Antônio Accioly Netto, crítico da revista *O Cruzeiro*. Ele costumava reclamar da falta de informes do Teatro Madureira à imprensa com o argumento de que "é muito longínquo para que se vá colher notícias pessoalmente".[40] Mas foi até lá.

No texto escrito pós-visita, após mencionar "a distância, as ruas esburacadas, o tráfego difícil atrás de bondes morosos", Netto enfatizou que a montagem, de tão boa, "podia estar em Copacabana".[41] Saudava o dinamismo e a graça de Evilásio Marçal, de volta à companhia, e deu seu testemunho sobre o aplauso aberto recebido por Zaquia em, pelo menos, dois quadros: "Flor de laranjeira" e "A garota e a sinuca".

A jornada descrita pelo crítico espelhava uma característica do Teatro Madureira. O público que começava a se tornar assíduo compunha-se majoritariamente por residentes do bairro e das localidades próximas. Era raríssimo um morador da zona sul da cidade se deslocar até o subúrbio para assistir a uma peça.

De terça a sexta, o teatro tinha sessões às 21 horas, com predominância masculina na plateia. Aos sábados e domingos, havia três apresentações, às 16 horas, 20 horas e 22 horas, e aumentava o número de mulheres entre os espectadores. Boa parte dessas pessoas teve, no Madureira, sua primeira experiência como espectador de teatro. É o que mostra a reportagem feita pela *Tribuna da Imprensa* em uma das sessões de *Vai levando, curió*.

Publicada em 29 de julho, a matéria trazia depoimentos da plateia. Gente como Odete Goulart, moradora de Oswaldo Cruz; Roberto Azevedo, do Méier; e Heloisa Marques, do Cachambi. Nenhum deles havia pisado em um teatro antes daquela noite. "O público de Madureira é gostosíssimo", afirmou Zaquia ao repórter da *Tribuna*.[42]

Aos poucos, ela quebrava as resistências e, frequentando o bairro quase diariamente, reforçava os laços com os moradores.

O triunfo de *Vai levando, curió* se repetiria com mais duas peças de Alfredo Breda. *Tudo é lucro* estreou em setembro, tendo como atração o cantor Blecaute. Um mês depois viria *É grande, pai*, coassinada por Vicente Marchelli.

Breda dobrava a aposta no modelo que conquistara o público de Madureira. *Tudo é lucro* era aberta com um prólogo de fantasia, no qual o Teatro contracena com a Pena, o Papel, a Tinta, a Imprensa, o Censor e o Fedegoso, autor da peça que nasce no palco. A confabulação incluía comentários sobre o próprio gênero revista, que também se tornava personagem.

A peça repisava temas suburbanos, como a viagem de trem, e mais uma vez reservava mesuras ao vereador Salomão Filho, mencionado na canção que fechava a cena inicial. Zaquia era o destaque da apoteose, intitulada "Um brasileiro em Paris".

Revezando-se entre o português e o francês, ela contracenava com Vicente Marchelli. O quadro se baseava no encontro entre os dois personagens em um bar da capital francesa. A dupla discutia a gastronomia local e as diferenças entre o caviar e a mortadela. Em dado momento, ao descobrir que a moça é do Rio de Janeiro, ele se lamentava:

— É pena que seja árabe.

— Árabe? Eu também sou brasileira — ela retrucava, antes de informar que tinha aberto uma casa de pife em Paris.[43]

Ao fim, propunham um brinde. Não de champanhe, mas de cachaça. E, em grupo, cantavam "Ça, c'est Paris", sucesso da intérprete francesa Jeanne Bourgeois. Conhecida como Mistinguett, ela levara à loucura as plateias do Folies Bergère e do Moulin Rouge.

Satisfeita com as últimas apresentações, Zaquia reservaria mais uma surpresa para a peça seguinte. O chamariz nos anúncios de *É grande, pai* era a presença de Luz del Fuego. Com a alcunha que cobriu seu nome de batismo, Dora Vivacqua, a atriz, dançarina e naturista faria o debute em Madureira.

O público estava ansioso por ver seu número mais famoso: aquele em que contracenava com duas cobras-cipó. Acabaria surpreendido pela inusitada cena que seria lembrada, muitos anos depois, no livro *Luz del Fuego: a bailarina do povo*. A história foi contada à escritora Cristina Agostinho por Domingos Risseto, amigo da atriz e também naturista.

Del Fuego entrou no palco do Madureira vestida de freira, puxando pelas mãos um poodle cor-de-rosa. O burburinho logo se espalhou entre as poltronas, ao que ela respondeu:

— Eu sei que os senhores me consideram uma criatura leviana, imoralíssima, e não querem me ver nem como irmã de caridade. Vocês estão doidos é para me ver pelas costas, não é mesmo? Tudo bem. Vamos embora, Lacerda![44]

O cachorro, que tinha o sobrenome do maior adversário do presidente Getúlio Vargas, foi novamente conduzido por ela, agora de costas para o público, em direção ao fundo do palco. Então, a surpresa: Del Fuego tinha as nádegas expostas.

A atriz voltaria em outro quadro, com as habituais cobras. Sua participação rendeu menções nas resenhas sobre a peça, embora a cena não fizesse parte do texto original. Foi um encaixe, para que pudesse ter um número no espetáculo.

O roteiro de Breda e Marchelli apresentava, no prólogo, uma confabulação entre musas gregas, deuses do Olimpo, como Apolo e Mercúrio, o personagem shakespeariano Hamlet e gente do estafe habitual do teatro, entre eles o Ponto e o Contrarregra. Zaquia interpretava Vênus. As grandes questões metafísicas da mitologia eram trazidas para o rés do chão, sobretudo nas falas de Hamlet. "Ser ou não ser? Eis a questão! Não sei se vou de bonde ou de autolotação", afirmava em dado momento.[45]

A própria entrada de Zaquia em cena, no papel da tão aguardada divindade do amor e da beleza, se cercava desse tom zombeteiro. Ante a demora, Mercúrio perguntava, dirigindo-se ao público:

— Entre as senhoras e senhoritas aqui presentes, haverá alguma que queira fazer o papel de estrela? A Zaquia faltou. Naturalmente, falta de condução. O caso é que a peça não pode parar no meio! Há tanta moça que tem jeito para o teatro... E é só uma noite.

Então se dirigia a alguma mulher da plateia para indagar diretamente:

— A senhorita aí tem um sorriso de Vênus. Quer fazer o papel? Tem vergonha? Nunca representou? Tem razão. A primeira vez dá uma tremedeira que nem se pode falar!

Na sequência, escolhia uma terceira:

— E a senhora aí, aceita o papel de Vênus? Não pode? Já sei: é casada e o marido é ciumento.

Apolo se lamentava:

— Não é possível. A revista sem a Vênus é um buraco.

Era a deixa para Zaquia despontar, de chapéu e vestido de chita, em meio aos espectadores.

— Já que ninguém quer, eu vou tapar esse buraco!

— Ora, graças! A senhora dá para a coisa? — questionava Mercúrio.

— Dou! Não é qualquer coisa que me mete medo, tenho coragem e sangue-frio para enfrentar a coisa.[46]

O diálogo avançava, cheio de insinuações sexuais, até o momento em que Apolo dizia que a candidata ao papel "se parece muito com Zaquia",[47] ponderando que talvez fosse irmã da atriz. Ao que ela respondia com um inconclusivo "pode ser", antes de informar o próprio nome: Maria do Pinto Pelado.

A personagem se apresentava por meio de uma toada caipira:

> *Maria do Pinto Pelado*
> *Eu sou de Buraco Quente*
> *Me casei em Pau Fincado*
> *Com um tá de Zé Vicente*
> *Lá em casa pernoitou*
> *Como eu era ignorante*
> *Muita coisa me ensinou*

> *Como sou inteligente*
> *Direitinho aprendi*
> *Sem pensá no Zé Vicente*
> *Eu gostei e repetiria*

> *Voltei ao Buraco Quente*
> *E deixei o Pau Fincado*
> *Pra fugi do Zé Vicente*
> *Que andava desconfiado*
> *Mesmo lá foi me buscá*
> *Resolvi no mesmo instante*
> *De fugi pra capitá*

> *Com o caixeiro viajante*
> *Sem pensá, bem refletia*
> *Quando no Rio me achei*
> *Sem saber eu me perdi*[48]

UM TREM DE LUXO PARTE

Finda a canção, Maria, que era também Vênus, começava a se coçar. Apolo especulava se não seriam pulgas, sugerindo que ela tirasse a roupa.

— A Vênus tem que se apresentar nua. É a deusa do amor! — acrescentava.[49]

Ao se livrar do vestido, Zaquia deixava à mostra a fantasia de baixo, com apenas duas peças.

A cena era encerrada com outra música, cantada por ela e pelos demais atores, dando o tom dos 23 quadros a seguir:

> *Quem quiser ouvir estrelas*
> *De balcão ou de cadeira*
> *Venham todos para vê-las*
> *Ao Teatro Madureira*[50]

A peça causou *frisson* no bairro, mas a atenção da crítica se deteve majoritariamente sobre uma característica que começava a distinguir o teatro: o lançamento de novos artistas. Em *A Noite*, Ney Machado enumerou os talentos revelados pela Companhia Zaquia Jorge: "Gloria May, hoje brilhando no Follies, nasceu ali, trazida por [Renato] Decarvas de um grêmio amadorista; o próprio Renato está fazendo grandes progressos; várias coristas, atualmente nos grandes teatros da praça Tiradentes, dançaram pela primeira vez no teatro da rua Carolina Machado."[51] O nome da talentosa Lya Mara, que trabalhara de corista nos palcos da praça Tiradentes e virou vedete em Madureira, também era mencionado.

A busca por artistas iniciantes tinha um pouco de propósito e muito de necessidade. Diante da recusa de atrizes e atores mais conhecidos em trabalhar em Madureira, Zaquia passou a prospectar aprendizes, inclusive nos bairros suburbanos. Seu teatro, como pontuaria o mesmo Ney, se tornara uma "escola prática".[52]

O empenho em fazer com que o empreendimento desse certo era tamanho que a levou a quebrar certos limites. O caso mais rumoroso foi um golpe de publicidade denunciado com alarde pela imprensa em 1952. Tudo começou com o anúncio da participação de Marina de Andrade Costa em

Tá babando, a peça escrita por Milton Amaral e Francisco Moreno que estrearia no Madureira em dezembro.

Marina havia sido pivô do assassinato do bancário Afrânio Arsênio de Lemos, ocorrido em abril. A vítima fora encontrada no interior de um Citroën, com três perfurações a bala e diversas marcas de coronhada. Dentro do carro havia batons, brincos e uma foto de Marina, que terminara a relação amorosa com Afrânio ao saber que ele era desquitado. Logo se descobriu que Marina tinha um namorado, dando ensejo a suspeitas de delito passional. O homicídio se tornou conhecido sob a alcunha "Crime do Sacopã", referência à ladeira onde o automóvel se encontrava, e inspiraria um filme dirigido por Roberto Pires em 1963.

Marina ganhara popularidade na esteira das investigações, daí a repercussão do informe sobre o suposto trabalho da atriz em Madureira. "Notícia sensacional, sem dúvida, e que viria marcar mais um capítulo na tragicomédia em que resultou o crime mais falado do ano. Além do mais, assumira ela foros de verdade, de vez que ninguém desconhece os pendores artísticos de Marina — exuberantemente demonstrados em todas as fases do processo em que se viu envolvida", destacava *O Jornal*, sem aliviar o ferrão, em matéria na primeira página.[53]

Procurada pela imprensa, Marina negou qualquer ligação com a Companhia Zaquia Jorge, o que levou as reportagens de *O Dia*, do *Diário da Noite* e do próprio *O Jornal* a interpelar a dona do Teatro Madureira. Zaquia respondeu de maneira reticente, sem desmentir ou confirmar o fato, e impediu a entrada quando os jornalistas tentaram acompanhar os ensaios do espetáculo. "Tudo isso pareceu muito estranho. Era macaco recusando banana", comentava a matéria de *O Dia*.[54] "Resta-nos acreditar, apenas, que a trêfega atriz deseja somente obter uma publicidade gratuita para a sua peça — que, segundo se afirma, não é boa", sugeriu *O Jornal*.

Sem Marina no elenco e com várias acusações de plágio com relação a seus quadros, *Tá babando* permaneceu em cartaz por dois meses, até o teatro fechar para o período carnavalesco. Nesse momento de estio, Zaquia foi convidada por Renata Fronzi a cumprir uma curta temporada no Jardel. Mas os planos eram outros. Para o espetáculo seguinte, com estreia marcada para março de 1953, ela reservava uma novidade: a contratação de Aracy Cortes.

Referência do teatro de revista nos anos 1920 e 1930 e primeira grande cantora popular brasileira, com vários sucessos no campo do samba-canção, Aracy enfrentava uma batalha jurídica contra seu ex-empresário, que tentara registrar, no Ministério do Trabalho, um contrato firmado em apenas uma via. A veterana atriz contou com a ajuda do presidente da Casa dos Artistas, Fernando Moreno. Ele colocou seu corpo de advogados à disposição e conseguiu que Aracy ficasse livre para assinar o compromisso com a Empresa Zaquia Jorge.

O público respondeu de imediato à presença da recém-chegada. Com autoria de Alfredo Breda, *Bateu o bingo* foi considerado um dos melhores espetáculos encenados no Madureira, sucesso que se repetiu no quesito público. Filas se formavam na entrada do teatro, sem que a quantidade de ingressos pudesse atender aos interessados.

A peça se alicerçava em personagens da classe média baixa, como o Malandro, o Comissário de Polícia e o Barnabé — como eram chamados, na época, os servidores públicos dos escalões mais baixos. A alusão ao bairro-sede do teatro se dava logo no prólogo, em que Zé Marmita, quando perguntado se morava no subúrbio, respondia:

— Não. Moro em Madureira.

— E não é subúrbio? — insistia Cronometria.

Zé Marmita passava, então, a fazer um discurso laudatório sobre o bairro, com renovadas citações de personalidades da área:

— Madureira é uma cidade, a capital suburbana. Com um camarote de luxo como o da avenida. Um comércio caro não é barato, não. Madureira tem vida própria. Centro de uma política popular, graças ao valor de Salomão Filho, Gama Filho e os irmãos Potengy, os grandes animadores do progresso e do Carnaval de Madureira![55]

A cena se desenrolava como se preparasse a triunfal entrada de Aracy Cortes.

— Chegou a rainha que não perde a coroa! A estrela que brilhou nos céus da Europa e em todos os estados do meu Brasil. Vem brilhar também nos céus de Madureira, aos olhos do meu povo e da minha gente — anunciava o Ponteiro.[56]

Aracy surgia já de microfone à mão, para cantar as virtudes do bairro e das escolas de samba:

> *O samba nasceu no Estácio*
> *E criou-se na favela*
> *Hoje tem o seu palácio*
> *Na estrada do Portela*
> *Madureira é o seu império*
> *A sua corte real*
> *Onde o povo leva a sério*
> *Sua alteza e o Carnaval*

> *Donga, Carrinho e Sinhô*
> *Noel e Chico Viola*
> *Cada qual, pois, nos legou*
> *Seu estilo e a sua escola*
> *Da Mangueira à Favela*
> *Muita escola se espalhou*
> *Também Paulo da Portela*
> *Sua escola aqui deixou*[57]

A participação da artista rendeu elogios entusiasmados. "Aracy canta os seus velhos sambas, como as últimas novidades, com a mesma graça de sempre",[58] destacava a *Última Hora*, frisando que o empreendimento de Zaquia ia de vento em popa.[59] "Há *sketches* que os teatros da praça Tiradentes gostariam de apresentar, como o da delegacia, o dos velhotes e alguns mais", acrescentou Ney Machado, no jornal *A Noite*.[60]

Em seu texto, Ney voltou a defender subsídios para a manutenção do Madureira. Apontava a discrepância de tratamento dispensado pelo SNT: as companhias de comédia recebiam 140 mil cruzeiros anuais, quantia muito superior à média dispensada à empresa de Zaquia.

Desde os primeiros meses, ela vinha insistindo junto ao órgão em favor de um socorro à sua empresa. Os 40 mil cruzeiros já remetidos correspondiam à subvenção destinada às companhias profissionais de

Jorge Abrão, pai de Zaquia.

Zaquia com seu filho, Carlos Alberto Jorge Rodriguez.

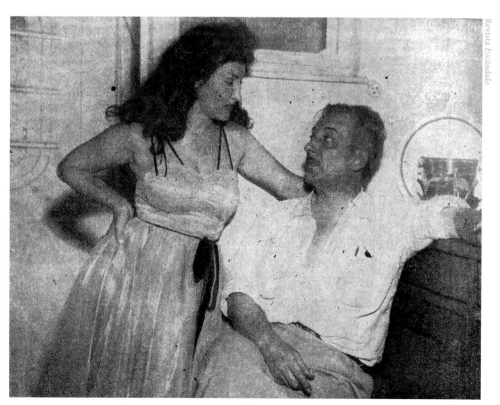

Zaquia e Júlio Monteiro Gomes, o Júlio Leiloeiro, seu companheiro de vida.

ESCOLA MARIA RAYTHE
RUA HADDOCK LOBO, 233
RIO DE JANEIRO

4a SERIE

1- Hilda Baldez 9
2- Cleide S. Freitas 9
3- Elza Marins..10
4- Edna Palmeira.......................................9
5- Georgete dos Santos.........................9
6- Heloisa N. Barros Castro....................9
7- Lacira S. de Freitas..........................10
8- Marilda Moraes Area........................10
9- Margarida Medeiros...........................10
10-Maria Stela Guimarães.....................9
11- Maria Josefina França......................9
12-Maria Jose Gonsalves......................9
13- Maria Aparecida Soares..................9
14-Maria Aparecida Aguiar....................9
15-Maria da Paixão Machado................9
16-Maria de Lourdes Santos.................9
17-Olga Matos Trindade........................9
18-Sara Mendes.....................................8
19-Vera Braga de Barros.......................9
20-Yaci Barbalho Lopes.........................9
21-Zaquias Jorge 9
22-Zita Lopes Casals.............................8
23-Jurema de Souza Martins.................9

Notas finais de Zaquia na 4ª série (grau 9), em 1937, e no 2º ano propedêutico (grau 5), em 1940, ambas no Colégio Maria Raythe.

ESCOLA MARIA RAYTHE
RUA HADDOCK LOBO, 233
Tel. 28-2014
RIO DE JANEIRO

PROMOVIDAS AO 3º ANO PROPEDEUTICO

1 - Alzira Pessione   8
2 - Clelia Menez Rosa   9
3 - Deolinda Souza Ennes   7
4 - Eva Cardoso   5
5 - Irene Neide Mendes   5
6 - M. Aparecida Silva   5
7 - M. Helena Machado   5
8 - M. Luiza Barros Aguiar   6
9 - Narina Flaeschen   8
10 - Noema Leite   7
11 - Paulina Santos Tomaz   7
12 Serafina Neide Carbonelli   8
13 - Terezinha P. Jordão   8
14 - T.heda Melo Falcão   7
15 - Yacy B. Lopes   6
16 - Yara Lacroix   8
17 - Zione Moreira Tavora   6
Alice Salin Jorge   5
19 - Edith O. André   4,4
20 - Maria de Lourdes V. Rodrigues   5
21 - Wanda Campps   5
22 Zaquia Jorge   5

....

Retratos de Zaquia feitos por Themistocles Halfeld,
que fotografava os artistas da Companhia Walter Pinto.

Zaquia em espetáculos da Companhia Walter Pinto, nos anos 1940.

Ficha de artista de Zaquia na Delegacia de Costumes e Diversões do Rio de Janeiro.

15 - 6 - 44
DATA

REG. DE ARTISTA N.º 1.753

NOME JORGE ZAQUIA
PSEUDÔNIMO

FILHO DE JORGE ABRAÕ E DE ETELVINA
EUCELINA DOS SANTOS JORGE BRASILEIRA E. RIO
NACIONALIDADE — NATURALIDADE

19 anos — 6 de Janeiro de 1925 — Casada — sim
IDADE — DATA DE NASCIMENTO — EST. CIVIL — PROLE

SECUNDARIA
INSTRUÇÃO — RESIDÊNCIA FIXA

Rua do Lavradio N- 48
RESIDÊNCIA ATUAL

CARACTERES CROMÁTICOS — MARCAS PARTICULARES

CUTIS: Branca — CABELO: Cast. — MÃO DIREITA:
BARBA: — BIGODES: — MÃO ESQUERDA:
SOBRANCELHAS: — OLHOS: Cast. — CABEÇA:
CORPO: — ESTATURA: 1.58 — CUTIAS:

CARTEIRA DE IDENTIDADE N.º
CARTEIRA PROFISSIONAL N.º — POLÍCIA EMISSORA
PASSAPORTE N.º — DEPARTAMENTO EMISSOR
PAÍS EMISSOR — Zaquia Jorge

ESPECIALISAÇÃO

CORISTA
GÊNERO ARTÍSTICO ATUAL — GÊNERO ARTÍSTICO NO INÍCIO DA CARREIRA

EM INST. OFICIAL, COMPLETO:
NOME DO INSTITUTO

CURSOS — EM INST. OFICIAL, INCOMPLETO:
NOME DO INSTITUTO

DE PROFESSOR PARTICULAR
NOME DO CURSO

SEM CURSO: Sim — E' LAUREADO? — VIVE EXCLUSIVAMENTE

DÁ PROFISSÃO? Sim — QUANDO INICIOU A CARREIRA ARTÍSTICA? 1944
(DATA E LOCAL)

VISTO, / / 194 — VISTO, / / 194 — VISTO, / / 194 — VISTO, / / 194

CONTRATOS CELEBRADOS:

CONTRATANTE	N.o DO REGIS.	PRAZO INÍCIO	TERMO	PROROGAÇÃO	VALOR	ATESTADO LIBERATORIO	RESCISÃO
Emp. Luiz Ltda	526	15-6-44	15-6-45		Cr$ 800,00	Em 1 Outubro 944	
Emp. Coletivo Maceira	83	21-11-44	13-12-44	até o término	Cr$ 600,00	Em 13 Maio 945	Sim
Emp. Luiz Ltda	744	26-6-45	26-6-45	até o término	Cr$ 7.800,00		
" " "	1406	8-12-45	1-7-946		Cr$ 3.000,00		
" " "	619/46	7-6-46	7-12-46		9.000,00	Em 20/11/946	SIM
" José F. da Silva Diversões	188/47	20-3-47	Temporada Rio S. Paulo		1.800,00	Em 8/5/47	"
					$		
					$		
					$		

Arquivo Nacional. Delegacia de Costumes e Diversões do Rio de Janeiro. BR RJANRIO OC.

À esquerda, Zaquia com Maria Rúbia e Renata Fronzi no filme *Fantasma por acaso*, de 1946. Acima, com Totó, em *Aguenta firme, Isidoro*, de 1950.

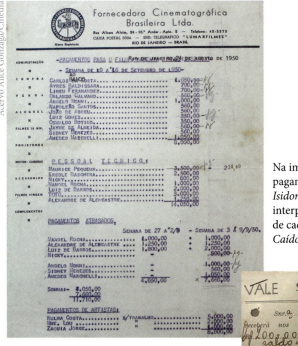

Na imagem maior, parte da relação de pagamentos ao elenco de *Aguenta firme, Isidoro*, longa-metragem em que a atriz interpretou uma cartomante. Abaixo, recibo de cachê de Zaquia pela ponta no filme *Caídos do céu*.

Dia 1º Setembo:. Sequência : 38

NELMA COSTA :- Vestida com
(é Rita Molina)
"peignoir" de gaze - ADEREÇOS: nas orelhas,
brinco de uma perola grande - No final
do décote do peignoir, um broche prendendo
é um broche fantasia; uma abelha de ouro
com azas de brilhantes pequenos - Na
mão esquerda 2 alianças: uma de ouro
e uma de brilhante. - Nos pés: sandalias
brancas de seda, (com salto alto)

MME LOU - Vestido fantasia, preto
com motivo de côr branca - Phapeu
pequeno (tipo casquete) feito da mesma
fazenda - luvas pretas, de renda -
pequena bolsa tipo "trousse" em couro
marron -
NO TAKE 24 BIS - Mme Lou, traz a luva
calçada na mão direita, e a esquerda
segura a outra luva, junto com a
pequena bolsa-trousse.

DIA 2 SETEMBO - Sequencia 11 = TAKE 3A
ZAQUIA JORGE! - Brincos - cabelo ca-
cadeante
do um pouco lado esquerdo na testa -
2 pulseiras no braço direito - 2 aneis

Observações do diário de filmagem do produtor Adhemar Gonzaga sobre o
figurino de Zaquia na cena de que participa no filme *Aguenta firme, Isidoro*.

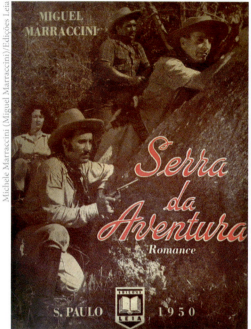

Acima, à esquerda, capa do romance *Serra da Aventura*, que deu origem ao filme homônimo. As fotos de cenas com os atores ilustram o miolo do livro.

Zaquia entre Evilásio Marçal e Ankito na peça *Já vi tudo*, no Teatro Follies, em 1949.

Teatro Follies

Empresa JUAN DANIEL — Av. Copacabana, 1246-A — 27-8216

Distribuição da revista em 18 quadros

Bôa noite, Rio

Original de Alberto Flores e outros — Música de Cesar Siqueira e outros compositores.

1 - Bôa noite, Rio - com Carlitos, Badú, Tereza, Zaquia, Tovar, DANIEL e as Follies Girls.
2 - O Candidato - com Grande Otelo e Armando.
3 - Chiquita - com JUAN DANIEL, Katte, Ofélia, Tamara e as Follies Girls.
4 - Marido Modêlo - com Badú, Zaquia, Tereza e Ofélia.
5 - Bandoneon - com Alencar Terra.
6 - Responda, Segismunda! - com Zaquia, Badú, Tereza, Carlitos, Tovar, Trudel e Armando.
7 - Viva Aragon! - com MARY e ALBA, JUAN DANIEL, e as Follies Girls.
8 - Fenomenos Vocais - com Badú, Grande Otelo, Carlitos e Armando.
9 - Hipócrita - com JUAN DANIEL.
10 - O novo Gardel - com Badú.
11 - A criada faz greve - com Zaquia, Tovar, Tereza, Trudel e Carlitos.
12 - Assobiando - Katte e as Follies Girls.
13 - O Novo Rico - Grande Otelo e Zaquia.
14 - O eterno triangulo - com Carlitos, Tereza e Armando.
15 - Humorismo - com Badú.
16 - Aventureira - com as Irmãs MARY e ALBA, JUAN DANIEL, Tereza, Tovar, Armando, Alencar Terra e as Follies Girls.
17 - O Maioral - com Grande Otelo.
18 - Aconteceu em Acapulco - com MARY e ALBA, JUAN DANIEL e toda a Companhia.

Cenarios de	Armando Iglesias
Direção de orquestra	Maestro Cesar Siqueira
Guarda-roupa de	Maria Daniel
Regisseur	Armando Santos
Eletricista	Antonio Teixeira
Maquinária	Raul
Secretário Geral	Alvaro Teixeira

Reprodução do folder de divulgação do espetáculo *Boa noite, Rio*, de 1950.

Panfletos de divulgação das peças *As pernas da herdeira* e *A inimiga dos homens*, encenadas no Teatro de Bolso em 1951.

ZAQUIA JORGE COMPROU UM TEATRO!

Fez sociedade com Fernando Vilar, abandonou a revista e vai estrear na comédia, tendo jogado todo o seu dinheiro nesse empreendimento audacioso — Uma entrevista também audaciosa...

Texto e fotos de V. LIMA

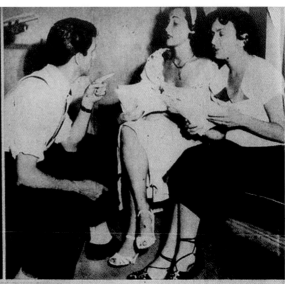

O ensaiador Francisco Moreno, Zaquia e a talentosa Isa Rodrigues

É ter coragem, senhores! Essa artista chamada Zaquia Jorge tem mesmo topete! Todos lhe diziam que o teatrinho de bolso da praça Marechal Osório tem "caveira de burro" enterrada; mas Zaquia não ligou importância à história. Impossibilitada de representar, por boicote dos proprietários de alguns teatros, que preferiam propostas mais altas, Zaquia meteu a mão nos bolsos, sacou o dinheiro e pagou em moeda sonante uma quantia apreciável, transformando-se de uma hora para outra em empresária. E, se fôsse apenas empresária, vá lá. Zaquia mudou de rumo artístico, enveredando pela primeira vez para o terreno da comédia. Já está ensaiando uma peça cujo nome é "A Inimiga dos Homens", original francês que obteve muito sucesso em Paris. A história gira em torno de um americano que só pensava em beijos. Mas não vamos contar aqui tôda a história porque não seria justo.

Interrogada sôbre esse negócio de peça fran-

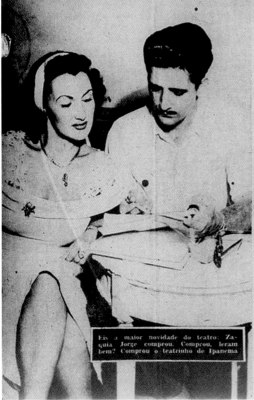

Eis a maior novidade do teatro: Zaquia Jorge comprou. Comprou, leram bem? Comprou o teatrinho de Ipanema

Branca Mauá faz parte do elenco de Zaquia, S. Excia., a nova empresária do teatro de comédias

Na revista *Carioca*, a reportagem sobre a "compra" do Teatro de Bolso por Zaquia e Fernando Vilar. A dupla realmente assumiu o teatro, mas o contrato era de aluguel.

As fotos ao lado registram os sócios Zaquia e Vilar em um ensaio da peça *A inimiga dos homens*.

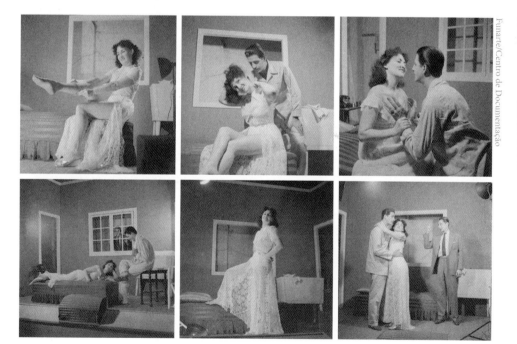

Cenas de *Mulher despida*, encenada no Teatro de Bolso em 1951.

Teatro de Madureira

(O primeiro teatro dos suburbios)

Empreza ZAQUIA JORGE

386 - RUA CAROLINA MACHADO - 386
EM FRENTE À ESTAÇÃO

HOJE e Todas as Noites às 20 e 22 hs. **HOJE**

Representações da Revista em 22 quadros

"TREM DE LUXO"

Original de

Freire Junior e Walter Pinto

Música de diversos autores

Madureira é hoje um grande bairro, com vida própria.

Há um vastíssimo comércio, destacando-se, na classe dos Restaurantes de primeira categoria, a

CHURRASCARIA MADUREIRA

o

COSINHA DE 1.ª ORDEM.

AMBIENTE FAMILIAR.

PREÇOS MÓDICOS.

PESSOAL PRÁTICO E SELECIONADO

Zaquia Jorge apresenta o 1.º ator cômico **EVILASIO MARÇAL**, a vedette **IZA LITA**
e a atração **Walter Machado**, na super - revista

"TREM DE LUXO"

com a seguinte distribuição:

1.º — AVANT-PROLOGO — FERROVIARIAS. — LIA MARA e Girls.

2.º — PROLOGO — Manoel Curioso. — EVILAZIO MARÇAL; Quintino (Agente da Estação), JOÃO MARTINS; Eva, IZA LITA; Empregado, JOSÉ CARLOS.

3.º — FORA DA VIDA — Fulgêncio (Velho Carnavalesco), JOÃO MARTINS; Manoel Curioso, EVILAZIO MARÇAL; Dona Conceição, FLORIPES RODRIGUES.

4.º — TREM DE LUXO (Monólogo) — FRANCISCO SERRANO.

5.º — DONA BOA e BROTINHOS — ZAQUIA JORGE e Girls.

6.º — ATRAÇÃO — Walter Machado.

7.º — MEDICINA MUSICAL — Dr. Harmonia, EVILAZIO MARÇAL; Dona Clave (enfermeira), MARILÚ DANTAS; Madame, IZA LITA; Marido, FRANCISCO SERRANO; 2.º Cliente, JOSÉ CARLOS; Pai, RENATO DECARVAS; Filha, ADYR; Mãe, JOSELIA; Senhorita Nervosa, LIA MARA.

8.º — CAMPANHA DAS DONAS DE CASA — ZAQUIA JORGE.

9.º — COIMBRA (Fantasia) — FRANCISCO SERRANO e Girls.

10.º — REVANCHES — Teixeirinha (antigo chauffeur), EVILAZIO MARÇAL; Ponciano (antigo porteiro de

GIRLS:

Adir
Diana Lupe
Gloria Mey
Lêda - Joselia
Hildette
e
Therezinha

Direção Artistica
Luiz Rocha

Direção Musical de
KALUA

Coreografia
Floripes
Rodrigues

Secretaria
Neuza Ambrosio

Direção Geral
Dulce Louzada

Figurinos
José Valluzi

Decorações
Manoel Buitron

Casino), JOÃO MARTINS; Politico, RENATO DECARVAS; Madame Teixeira, MARILÚ DANTAS.

11.º — BAILE (Fantasia) — FLORIPES RODRIGUES e Girls.

12.º — VELHOS AMIGOS — Felismino (Chefe de Trem), EVILAZIO MARÇAL; Leopoldina (Mulata sestrosa), ZAQUIA JORGE.

13.º — SAMBA (Fantasia) — MARILÚ DANTAS e Girls.

14.º — VARIEDADES — IZA LITA.

15.º — OLHO CLINICO ou O FANTASMA DAS MULHERES — 1.ª Mulher: LIA MARA; 2.ª Mulher: FLORIPES RODRIGUES; 3.º Mulher: MARILÚ DANTAS; 1.º Homem: JOSÉ CARLOS; 2.º Homem: FRANCISCO SERRANO; 3.º Homem: EVILAZIO MARÇAL.

16.º — ATRAÇÃO — WALTER MACHADO.

17.º — EXISTENCIALISMO — Existencialista; ZAQUIA JORGE; Moça Elegante; IZA LITA; Seu Barboza; JOAO MARTINS; Rapaz: JOSÉ CARLOS.

18.º — VENDEDORA DE BEIJOS — LIA MARA e Girls

19.º — GAROTA DAS RUAS — Garota: MRILÚ DANTAS; Rapaz: FRANCISCO SERRANO.

20.º — HOLANDÊSA POR ACASO — IZA LITA e Girls.

21.º — OPSERVADOR — WALTER MACHADO.

22.º — EXALTAÇÃO A BAHIA — Tôda a Companhia.

Guarda-Roupa confeccionado no Atelier da Costumière DULCE LOUZADA - Montagem de Francisco - Eletricista Walter - Contra-Regra Helio

---

VESPERAIS - Às 16 horas aos Sábados, Dómingos e Feriados

PREÇOS — Camarotes Cr$ 125,00   (sêlo a cargo do publico)   Poltronas Cr$ 25,00

Programa da peça *Trem de luxo*, que inaugurou o Teatro Madureira em 1952.

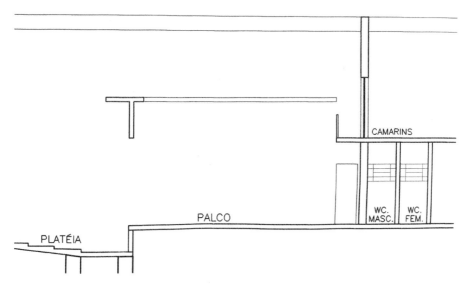

Plantas do Teatro Madureira (reprodução do livro *Teatros do Rio*).

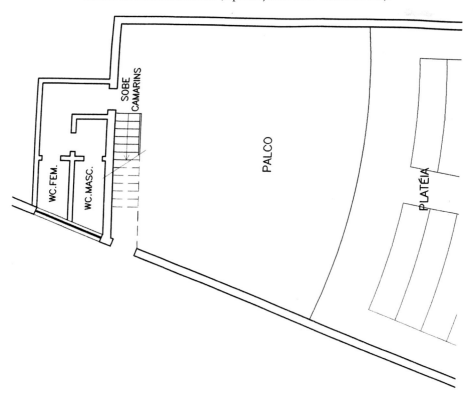

Filipetas do Teatro Madureira, que, distribuídas pelo comércio do bairro, davam descontos nas peças.

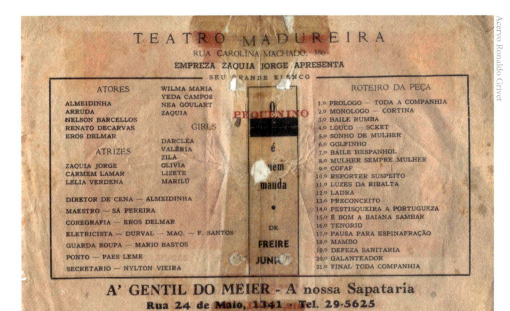

Programa da peça *O pequenino é quem manda*, de 1953, com a tarja que cobriu o título anterior, vetado pela censura.

Zaquia em cena no ano de 1954.

Adhemar de Barros, ex-governador de São Paulo, no palco do Teatro Madureira, em 1954.

Zaquia com o figurino da peça *Você não gosta*, encenada no Teatro Madureira em 1956.

Na imagem de cima, Zaquia (ao centro, com as mãos erguidas) estrelando um espetáculo no Teatro Madureira. Abaixo, foto de um ingresso para uma das peças encenadas na casa.

Zaquia (em frente ao palco, com as mãos na cintura) no comando de um ensaio no Teatro Madureira.

Zaquia (de pé) em ação no mesmo teatro.

Zaquia em cena com Dercy Gonçalves no filme *A baronesa transviada*, de 1957.

Capas de cinco jornais no dia 23 de abril de 1957, com a notícia da morte de Zaquia.

Capa da edição extra da revista *Escândalo*, sobre a morte de Zaquia.

Matéria da *Revista da Semana*, edição de 11 de maio de 1957, sobre o afogamento.

Fãs de Zaquia na fila para entrar no Teatro Madureira, onde acontecia o velório da atriz.

Sessão de reabertura do Teatro Madureira, rebatizado com o nome de Zaquia Jorge, que havia morrido dois meses antes, em 1957.

Fachada do Teatro Zaquia Jorge, já com o novo nome.

Cartaz da peça *Garoto enxuto*, com destaque para a participação de Joel de Almeida cantando "Madureira chorou".

Plateia no rebatizado Teatro Zaquia Jorge.

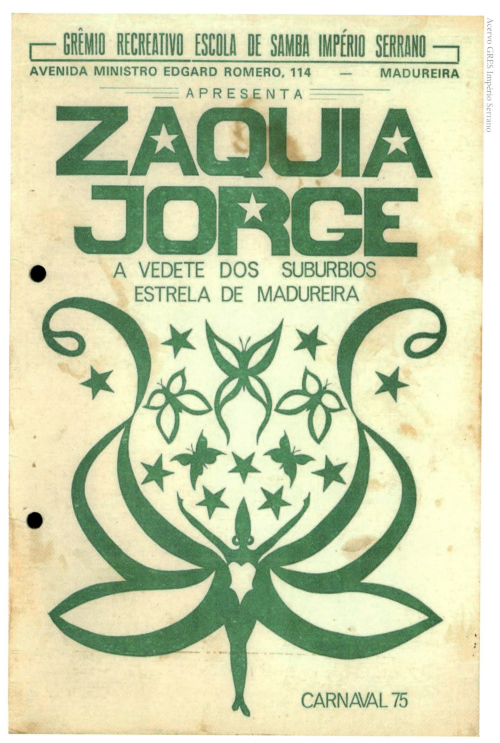

Capa do caderno com a sinopse do enredo do Império Serrano em 1975.
A logomarca foi desenhada pelo carnavalesco Fernando Pinto.

Cenas do desfile do Império Serrano em homenagem a Zaquia, em 1975. Na foto acima, a alegoria fazia alusão ao bairro do Maracanã, a partir da imagem de seu mítico estádio; na da esquerda, um aspecto do último setor da escola, cuja referência era Madureira.

Carro alegórico que fechava o desfile em homenagem a Zaquia, com referência ao samba de Carvalhinho e Júlio Leiloeiro.

No tributo a Zaquia, o Império Serrano desfilando pela avenida Antônio Carlos.

"terceira categoria". Aquelas que, conforme a classificação feita pelo conselho consultivo do SNT, tinham pequena formação e mais de três anos de existência. Na primeira categoria, estavam companhias de comédia em atividade havia mais de cinco anos e com atuação nos centros urbanos. Na segunda, grupos também voltados à comédia, ou ao teatro musicado, com atuação nacional e no mínimo três anos de trabalho.

Zaquia oficiou à entidade seguidas vezes. Nas petições, demonstrava plena noção da importância de manter uma casa de espetáculos fora dos limites do centro e da zona sul da cidade. "A requerente, que conseguiu com grandes sacrifícios inaugurar o primeiro teatro dos subúrbios nesta capital (…), vem envidando os maiores esforços para dar às populações dos bairros um bom teatro", alegou em documento remetido no dia 16 de junho.[61]

Quase um mês depois, no dia 11 de julho, voltaria à carga. Após elencar as justificativas para o apoio pretendido, ressaltava que seu teatro era, "em todo o território nacional, o único situado em zona suburbana, em caráter de permanente funcionamento", e que as peças encenadas vinham "exclusivamente da lavra de autores e compositores brasileiros, o que deveras constitui um estímulo e um auxílio a essa classe".[62] Ao fim, pleiteava uma mudança de classificação de sua empresa, de terceira para primeira categoria.

A alteração foi indeferida pelo SNT, mas Zaquia não desistiu. No dia 14, enviou novo ofício. O documento repisava as considerações da petição anterior e acrescentava que o Madureira estava "educando uma terça parte da população do Rio, que não conhecia teatro".[63] O pleito era por um subsídio direto de 400 mil cruzeiros. Foi prontamente recusado.

Ela teria a chance de externar suas queixas quanto ao SNT em extensa reportagem veiculada pela *Revista da Semana* no mês de janeiro de 1954. Com a manchete "O SNT não acredita em Madureira" — as aspas são da entrevistada —, dispôs de quatro páginas para criticar a falta de apoio do órgão. A capa da publicação trazia, em plano americano, uma foto na qual Zaquia aparece sorrindo. No miolo, porém, as falas são furiosas. "Depois de tudo que temos feito sem muito alarde, creio que não seria demais apelarmos para os que estão na obrigação de auxiliar o teatro carioca", dizia.[64] "Até hoje só recebemos 40 mil cruzeiros do SNT, importância estabelecida por lei."

A matéria da repórter Regina Maria Oliveira reverberava as ponderações daquela que chamavam de "artista do *vaudeville*": "Observando bem, sua luta tem muito mais de fundo social do que meramente a diligência de uma empresa que deseja vencer no seu gênero de negócio."[65] A jornalista lembrava que, só no prédio do teatro, Zaquia gastara 400 mil cruzeiros.

A reportagem irritou Calvet. Em longa carta enviada a Regina poucos dias após o texto ser publicado, ele se lamentava: "Houve tempo em que a sra. Zaquia Jorge, com o testemunho do ator Evilásio Marçal, declarava em cena aberta ao seu público de Madureira que tudo devia ao Serviço Nacional de Teatro. Mas os tempos mudam e as pessoas mudam." O diretor relembrou o apoio dado no momento da obra de construção do Madureira, auxílios concedidos à companhia na época do Teatro de Bolso, em 1951, além dos aportes de 40 mil e 60 mil cruzeiros feitos em 1952 e 1953, respectivamente, já para o teatro suburbano. "O SNT acredita em Madureira muito antes da instalação do teatro, como ficou provado. O problema do teatro no subúrbio é uma constante preocupação deste serviço. Tudo que o SNT possa fazer neste sentido não constitui favor, mas dever de sua competência. A má vontade dos que procuram, à custa de informações falsas, colocar mal o governo do presidente Vargas perante a opinião pública exige esclarecimentos como este, a bem da verdade e da justiça", proclamava.

Embora longe da dimensão esperada, o SNT realmente agiu para ajudar o Madureira. No dia 17 de julho de 1952, Calvet solicitara à União Brasileira de Compositores (UBC) uma tabela especial de cobrança de direitos autorais nas músicas incluídas em espetáculos encenados pela Empresa Zaquia Jorge. Ele mencionava as dificuldades financeiras do Teatro Madureira e pedia que o valor fosse fixado em 400 cruzeiros semanais, sob pena de um bom número de artistas e trabalhadores cênicos serem dispensados. O presidente da UBC, Cristóvão de Alencar, concordou com o que, no ofício de resposta, chamaria de *forfait*.

* * *

UM TREM DE LUXO PARTE

Em paralelo às discussões e à luta de Zaquia por mais recursos, as peças se sucediam e cimentavam a frequência dos espectadores. Ainda em 1953, entrou em cartaz *Chegou o guloso*, do contumaz colaborador Alfredo Breda. Aracy Cortes e Evilásio Marçal estavam à frente do elenco.

O Barnabé e outros tipos da chamada arraia-miúda, como punguistas e até um diabo coxo, protagonizavam os quadros. A montagem atraiu bom público durante os quase dois meses em que permaneceu em cartaz e mereceu espaço na coluna de Jota Efegê. No texto publicado pelo *Jornal dos Sports*, ele elogiava a despretensão do texto, salientando que a "malícia apimentada"[66] se justificava em quadros como "Padaria do inferno", no qual o boêmio Casquinha, recém-chegado às trevas, sofria para conseguir pão fresco.

O maior sucesso do ano, porém, viria com *Banana não tem caroço*. O texto era de Geysa Bôscoli e contava com alguns quadros escritos por Jardel Jércolis. Após uma saudação à irmandade dos países, feita no prólogo, a peça situava suas ações no Rio, "cidade orgulho do nosso Brasil".[67] O primeiro esquete propunha um passeio por Copacabana, iluminando os traços peculiares de cada uma de suas regiões.

O Lido se definia como a área cosmopolita, que "começa no Leme e termina no Copacabana Palace". Já o posto 4 entrava em cena ao som de "Sábado em Copacabana", de Dorival Caymmi e Carlos Guinle, e se dizia a "sede das diversões, dos melhores cinemas do bairro, o Metro, o Rian e o Roxy".[68] Os demais personagens eram o Forasteiro, o Inspetor e o Boêmio, que ao fim da conversa chegavam ao morro. "Sim, morro com mulata, com malandro, com radiopatrulha (...), onde corre sangue e geme o apito, mas onde também há poesia e sonho", informava a protagonista Copacabana.[69]

A temporada prosseguia sem sobressaltos até que, no dia 15 de julho, uma pancadaria estourou no teatro. A confusão começou quando Fernando Del Bosque, secretário da companhia, percebeu que cinco homens nunca antes vistos por ali ocupavam o camarote destinado à Polícia. Então os abordou, pedindo suas credenciais. Eles não tinham e acabaram expulsos.

Mas não seguiram para casa. Permaneceram do lado de fora, aguardando. Ao fim da apresentação, os falsos policiais se aproximaram de Bosque e começaram a xingá-lo. Logo os palavrões viraram tapas, murros e

102 ESTRELA DE MADUREIRA

rabos de arraia, envolvendo também o elenco da peça e a própria Zaquia. O furdunço só terminou com a chegada da radiopatrulha. Restou aos feridos buscar socorro em uma farmácia próxima.

NA DRAMATURGIA, UM NOVO PAPEL

Fora das páginas policiais, o ano de 1953 teve outro destaque no Madureira: a peça *A galinha comeu*, que marcou a estreia de Zaquia como dramaturga. Ela assinava o texto ao lado de Alfredo Breda.[70] O trabalho em coautoria, fosse com Breda ou outros criadores, se repetiria em mais oito espetáculos, inserindo-a no seleto rol de mulheres autoras dentro do universo do teatro de revista até aquele momento. Um grupo que incluía Mary Daniel e as precursoras Cinira Polônio, Otília Amorim, Maria Lino e Lyson Gaster. Em geral, Zaquia deixava o prólogo e a apoteose a cargo dos parceiros e se concentrava na elaboração de quadros burlescos.

A cena de abertura da nova peça promovia um encontro entre a Ordem, o Progresso, a Indústria, o Comércio, o Ouro Negro e o Jeca, tipo interiorano que ecoava os personagens das revistas do início do século XX. Os diálogos transitavam por questões nacionais, como a industrialização, a exploração do petróleo e a popularização da TV. Esses tópicos apresentados no prólogo atravessavam os quadros, que, sempre sob a chave do humor, tratavam do crescente trânsito de automóveis à sujeira nas ruas da cidade.

A apoteose do espetáculo, intitulada "Mulheres através da história", era um tributo a Joana D'Arc, Maria da Fonte, Marília de Dirceu, Cleópatra, Anita Garibaldi, Lucrécia Bórgia e outras figuras femininas. No desfecho, o Desquitado apregoava:

— E agora, uma heroína que passou à história do teatro nacional, conquistando, com sua graça, o coração do povo de Madureira!

Vestindo um manto decorado com estrelas feitas de lantejoulas, Zaquia irrompia no palco.

— Vencer no teatro é ser heroína. É uma estrela alcançar o céu da simpatia popular. É uma consagração — dizia ela.[71]

UM TREM DE LUXO PARTE

O Desquitado então evocava São Jorge, "pai dos pobres". Enquanto todos em cena cantavam uma música em homenagem ao santo, uma imensa imagem de sua luta contra o dragão surgia ao fundo. A plateia aplaudia calorosamente.

A parceria com Breda funcionara e Zaquia estava radiante por ter presenciado alguns de seus quadros serem aclamados em cena. Mas na sequência da programação, recorreu novamente ao velho amigo Freire Júnior.

O pequenino é quem manda trazia no título uma bem-humorada referência à baixa estatura do presidente Getúlio Vargas. O termo "pequenino" substituiu a palavra que constava do nome original e acabou vetada pela censura. Como os programas já estavam impressos, uma tarja preta foi aplicada sobre o vocábulo proibido, impedindo a identificação. Logo acima, o novo adjetivo estava carimbado em tinta vermelha.

— O pequenino é quem manda no Tesouro Nacional, na Casa da Moeda, no Banco do Brasil, é quem põe o visto nas nomeações, quem dá ordens nessa joça — vociferava o Esfolado em contracena com a Capital, a Zona Sul, a Zona Norte, a Zona Suburbana, a Zona Rural e a Inspetoria na abertura do espetáculo. Foi uma das peças mais políticas montadas no Madureira, com críticas ao preço dos "gêneros de primeira necessidade",[72] às brigas no Parlamento e no Senado, além de novas reverências a figuras do subúrbio. Dessa vez, os sempre lembrados Carlos Gomes Potengy e Salomão Filho ganharam duas novas companhias: Luiz da Gama Filho, deputado federal e fundador da universidade localizada em Piedade, e Aniceto Moscoso,[73] banqueiro do jogo do bicho que doou o terreno onde foi construída a sede do Madureira Atlético e mais tarde presidiria o clube.

Zaquia costumava revezar os autores. Se um texto tinha a assinatura de dramaturgos já consolidados, no seguinte apostava em novos nomes. Foi assim que chegou a Roberto Ruiz. Filho da atriz espanhola Pepa Ruiz, ele concebeu a peça *Tá na hora* ao lado do pai, o escritor e produtor português Rosa Matheus. A dupla aproveitou quadros já apresentados no Teatro Recreio, aos quais adicionaram cenas inéditas. Entre elas, o prólogo, que tematizava o futebol com um diálogo entre o Fluminense, o Flamengo, o Vasco, o Botafogo, torcedores e mascotes.

Mesmo sem merecer resenhas na imprensa, os três espetáculos mantiveram uma significativa afluência de espectadores. O Madureira já não dependia da validação dos jornais e os meses de intervalo entre 1953 e 1954 foram aproveitados para outra melhoria no teatro: a instalação do ar-condicionado. Em um bairro cuja temperatura não raro ultrapassava os 40 graus, o equipamento certamente faria diferença para o elenco e a plateia. A breve reforma incluiu alterações na fachada, que ganhou azulejos rosados, novas vitrines para a exposição externa das fotos, a instalação de lustres de cristal e a modificação da cor das paredes internas, do verde para uma combinação de rosa e preto.

Já na primeira montagem encenada após a remodelação, ficou claro que o público gostou das mudanças. O teatro parecia mais imponente, fora o conforto proporcionado pela refrigeração. Assinado por Freire Júnior, *Macaco, olha o teu rabo* estreou em março, tendo como destaque Evilásio Marçal, que se efetivara como o comediante preferido do bairro.

A impressão era que, ao completar dois anos de funcionamento, o Madureira tinha vencido a longa maré de problemas. Para marcar o aniversário, Zaquia programou uma apresentação extra da peça. Havia outra razão para a sessão especial. O domingo contaria com a presença de um convidado ilustre: Adhemar de Barros, ex-governador de São Paulo.

Virtual candidato à presidência pelo Partido Social Progressista (PSP), Adhemar compareceu à celebração promovida no dia 25 de abril acompanhado da esposa, Leonor Mendes de Barros. Sua visita mereceu nota na coluna de Jota Efegê no *Jornal dos Sports*, um curto registro no *Jornal do Brasil* e matéria na *Subúrbios em Revista*, que mencionava o comparecimento de "personalidades de relevo na política nacional",[74] como o deputado federal Benjamin Farah (PSP-DF) e o diretor de *A Notícia*, Chagas Freitas, além do cantor Orlando Silva.

Zaquia fazia esses agrados não só na esfera política. Com a imprensa, a relação era permeada por uma cordialidade à beira da mesura. Promoveu homenagens, em cena aberta, à *Última Hora* e ao *Diário da Noite*, mantinha interlocução constante com repórteres e usava a Kombi da companhia

UM TREM DE LUXO PARTE

para levar a crítica especializada até Madureira. Ainda que o esforço nem sempre fosse recompensado. "Dos próprios jornalistas tenho queixas. Todos reclamam da distância. Tenho boa gente comigo: dez. Mandei, certa feita, convites a todos. Depois uma caminhoneta para buscá-los. Vieram dois. Gastei 600 cruzeiros, quando nada podia gastar", lastimava-se.[75] Mas logo organizava nova viagem.

O esforço de relações públicas estendia-se à cobertura local. Em 1954 e 1955, ela cedeu o teatro para a festa de aniversário da *Subúrbios em Revista*. Os eventos atraíam artistas famosos, como o ator Grande Otelo e o cantor Jackson do Pandeiro, e rendiam generosos espaços na publicação. Por duas vezes, Zaquia ocupou a capa — numa delas, em "pose exclusiva", como destacou o próprio periódico em seu expediente.[76]

Algumas peças do Teatro Madureira também ganharam resenhas na revista e durante muitos meses o verso da capa estampou um anúncio dos leilões de Júlio: "Quer vender seu prédio? Procure o Júlio Leiloeiro. Quer vender seu automóvel? Procure o Júlio Leiloeiro. Quer vender seus móveis? Procure o Júlio Leiloeiro." No pé da página, vinham os telefones e os endereços dos escritórios na avenida Almirante Barroso, na praia do Flamengo e na rua do Lavradio. Júlio concentrava seus negócios entre o centro e a zona sul, mas promoveu leilões também em Madureira, valendo-se de um espaço vizinho ao teatro. Na pauta dos pregões, automóveis das marcas Cadillac, Buick, Dodge, Oldsmobile, Ford, Mercury, Volvo, Studebaker, Plymouth, Simca, Packard, Jaguar, Lincoln e Pontiac.

Aquele ano de 1954 seria mesmo intenso. Em maio, Zaquia comprou um sobrado na travessa Almerinda Freitas, 8, quase ao lado do teatro. Com 4,5 metros de frente e 28 metros de extensão lateral, o imóvel dava de fundos para o Madureira e tinha perfil residencial. A ideia era contar com um posto avançado no bairro para eventuais momentos de descanso ou mesmo pernoites em dias de trabalho mais exaustivos.

De maio a novembro, quatro peças ocuparam o palco comandado por Zaquia: *O negócio é rebolar*, *Confusão na área*, *Tira o dedo do pudim* e *Tudo de fora*. Com exceção de *Confusão na área*, de autoria de Saint-Clair

Senna e Olavo de Barros, todas foram escritas pela dupla J. Maia e Max Nunes, os novos queridinhos da companhia. No material de divulgação dos espetáculos, era destacada a presença das "Zaquia girls".

O negócio é rebolar levou ao palco pela primeira vez a atriz Sandra Sandré. Sua chegada à companhia é um exemplo de como se dava a montagem dos elencos. Sandra trabalhava como caixa de um salão de cabeleireiros em Copacabana. Lá, conheceu a esposa de um dos compositores que criavam músicas para as peças encenadas no Madureira. Foram poucas conversas até a ida ao bairro para um teste.

"Fui contratada de imediato. Não demorou e estava vestida de duquesa, carregando um troféu. Era uma figuração importante, embora sem falas", conta.[77] À medida que os espetáculos se sucederam, ela conquistou espaço e passou a ter participação mais intensa nas montagens. A rotina era dividida entre o salão e as peças. Durante o dia, dava expediente em Copacabana. Terminado o serviço, embarcava para Madureira. A dupla jornada só teve fim quando foi trabalhar nos teatros da praça Tiradentes.

Assim como a maior parte dos artistas do elenco, Sandra cumpria o trajeto em direção ao subúrbio apenas para participar das encenações. Depois voltava, na mesma Kombi Lotação, para a zona sul ou para o centro. Nos dias de ensaio, a viagem era mais cedo, por volta das 14 horas. As atrizes passavam a tarde preparando o espetáculo que ainda entraria em cartaz e, à noite, atuavam na montagem da vez.

Das quatro peças encenadas no segundo semestre, apenas uma ganhou crítica na imprensa: *Tudo de fora*, resenhada pelo *Jornal do Commercio*. O título fazia referência aos produtos importados pelo Brasil, como o bacalhau, o azeite, os perfumes e a Coca-Cola. Ao longo da montagem, os espectadores conheceriam a exceção: era o samba, "muito nosso".[78]

Na crítica, sobraram elogios para o texto, o guarda-roupa e o elenco. "Os *sketches* provocam verdadeiros estouros. Mas onde os aplausos chovem mesmo são [sic] nos números de fantasia e nos quadros em que predominam os que cantam bem",[79] afirmava a matéria, ressaltando as participações de Áurea Paiva na interpretação de "Granada", famosa música mexicana, e "Mattinata", sucesso do repertório do tenor italiano Enrico Caruso.

Além de trabalhar com convidados especiais, Zaquia eventualmente cedia o teatro a outros artistas, em esquema de percentual sobre a arrecadação. Um dos contemplados foi o cantor Vicente Celestino, que apresentou seu espetáculo *Deus e a natureza*. Era uma peça de viés sacro montada com sucesso desde 1941 e na qual ele cantava a "Ave-Maria", de Franz Schubert.

Zaquia abria espaço não só por razões financeiras, mas também para dar oportunidade de novas atrações para o público suburbano. Gostava de priorizar jovens artistas, como a dupla Sandra Barreto e Lita Rodrigues, a quem convocou, naquele mesmo 1954, para escrever um espetáculo. Lita era radioatriz e compositora, Sandra havia feito programas humorísticos na Rádio Mayrink Veiga. Foi ela quem propôs uma reunião com a dona do Teatro Madureira.

— Tenho predileção por certos tipos característicos e só esses gosto de interpretar. Por exemplo: uma mulatinha saliente, pernóstica, "fuleira". Está aí, Sandra Barreto, escreva um quadro para mim e será encaixado numa das peças que levaremos — pediu Zaquia durante a conversa.[80]

Passada uma semana, Sandra lhe entregou o esboço de um esquete intitulado "A secretária *colored*". O texto foi aprovado.

— Gostei muito. Tanto assim que não será um quadro encaixado. Escreva uma revista inteira. Traga-me uma peça com dez "cortinas" e dez esquetes, além dos quadros musicados.

Por ter sentido na pele os tantos obstáculos colocados diante de uma mulher quando se dispunha a ocupar o papel de líder, Zaquia assumia postura solidária.

— Onde existe uma empresária mulher, muito interessante será que a produção de outra mulher seja prestigiada — disse a Sandra.

O texto, contudo, nunca chegou a ser encenado no Madureira. O ano foi encerrado com uma sessão única de *As pernas da herdeira*, a mesma peça que havia sido montada no Teatro de Bolso três anos antes. A apresentação ocorreu no fim da temporada de *Tudo de fora*, em evento organizado por Mário Bastos para homenagear Júlio Leiloeiro. O clima era de festa e bons prognósticos para 1955.

E a temporada começou bem. *Tira o café do fogo*, espetáculo de J. Maia e Max Nunes que ocupou o Madureira a partir de janeiro, chegou a ultrapassar as fronteiras do estado. Com pouco mais de um mês em cartaz, Zaquia levou o elenco para Juiz de Fora (MG), onde cumpriu um curto ciclo de duas semanas.

Nos meses seguintes, ganharam o palco do Madureira as peças *Boca de espera*, escrita a quatro mãos por Zaquia com seu parceiro Breda, e *Bafafá de brotos*, trabalho em dupla com Vicente Marchelli.

O prólogo de *Boca de espera* se dava em uma "boate-hotel" de Copacabana onde as comidas "não são 'china', nem tendinha", como explicita o texto.[81] O Menu era um dos personagens, assim como o Aperitivo, e os dois dialogavam com Bonifácio, "um tipo carioca com cara de fome, mas bastante alegre".[82] As músicas homenageavam iguarias como o cozido à portuguesa e o café, "filho desta grande terra". Na sequência, havia 21 quadros com motes tão díspares quanto a lenda da Esfinge de Gizé, um *tête-à-tête* entre Júpiter e Mercúrio em pleno Olimpo e um perfil de "Maria Rebola-Bola", número reaproveitado da peça *Vai levando, curió*. Era um expediente relativamente comum repetir esquetes que haviam agradado ao público em espetáculos anteriores.

Na cena, vestida de forma caricata e com barba e bigode bem aparados, Maria conversava com Pindora, que tentava o flerte. O papo se caracterizava pela picardia.

— É o que aprecio: carne sem osso! É pena que não tenha cabelo louro — lamentava-se ele.

Ao que ela respondia:

— Eu não me pinto. Não sou como muitas que só têm o cabelo louro por cima e preto por baixo!

Pindora então pedia para ver se era mesmo tudo natural. E começava a desconfiar:

— Papagaio! Nunca vi uma mulher assim! Será homem no duro? Não me faça passar por alguma decepção. Não vou no escuro — afirmava, propondo que ela lhe mostrasse os "documentos".[83]

UM TREM DE LUXO PARTE

O esquete se encerrava com uma canção sobre a tal Maria que, diante da audácia do rapaz, topava um exame de perícia. "Maria Rebola-Bola / Mexe tanto com a gente / Que o doente da cachola / Fica ainda mais doente", dizia a letra.[84]

Bafafá de brotos tinha a mesma estrutura, com prólogo e 21 quadros. Na abertura, os espectadores se deparavam com a "Farmacolândia do amor". A loja era apresentada pelas *girls* que, em coro, alardeavam o principal benefício oferecido: "aliviar qualquer dor".[85] Logo chegavam os clientes. Bituca queria a cura para a indigestão causada por uma feijoada. O Velho tinha outro problema. Enchera a barriga de amendoim no afã de vencer a impotência, mas de nada adiantou. O Doutor então lhe receitava um produto que era "o orgulho do Brasil". "Não há, não há / Eu garanto que não há / Quem não sinta os efeitos / Do xarope guaraná", cantava o elenco.[86]

Receitas eram propostas para outros males, como a injeção de "amor incandescente", capaz de combater a tristeza pelo abandono, ou o "chá de brotos", "saboroso, espumante", "que deu força aos homens de certa idade".

Tirado justamente da música que encerra a parte inicial, que fazia menção ao "bafafá de brotos", o nome da peça mereceu comentário bem-humorado de Stanislaw Ponte Preta em sua coluna na revista *Manchete*: "O título ocorreu a Zaquia no dia em que Stanislaw cometeu a temeridade de entrar nos camarins do Teatro de Madureira sem o seu habitual disfarce."[87] O cronista era um entusiasta do empreendimento da atriz e certa vez afirmou que o Madureira "é uma espécie de jazigo perpétuo de Zaquia Jorge".[88]

SAMBA NA PORTELINHA

Três anos após a criação do teatro, Zaquia gozava de prestígio no bairro. Se ao chegar foi chamada jocosamente de "devassa", "paraíba", "pinguça" e "maconheira",[89] o panorama mudara por completo. Os moradores a consideravam uma mulher generosa, sempre pronta a ajudar quem precisava, e afeita à cultura local.

Levava parte do elenco para apresentações gratuitas em escolas e orfanatos da região e frequentava a quadra da Portela, que ainda ficava no número 446 da estrada de mesmo nome. As noites de samba naquela que depois seria chamada de "Portelinha" a tornaram próxima de Natalino José do Nascimento, o famoso Natal, banqueiro do jogo do bicho, patrono da escola e morador vizinho do teatro.

"Ali tinha uma jaqueira e era o lugar em que se fazia o ensaio, as pastoras ficavam em volta e o diretor de harmonia, com o cavaquinho e os pandeiros, ensinando o samba para elas. Depois, quando o surdo batia, elas iam fazendo as evoluções — e Zaquia ia lá",[90] descreveu o cantor e compositor Monarco, que integrou a Velha Guarda da Portela e foi baluarte da escola, referindo-se à Portelinha.

Quando o Carnaval se aproximava, dirigentes da Portela e do Império Serrano costumavam aparecer no teatro. O objetivo era pedir a ajuda da empresária, que acionava seus conhecidos no comércio, passando um livro de ouro com vista a doações. Também colocava parte da equipe do Madureira à disposição para dar auxílio profissional na confecção de fantasias e carros alegóricos. No título de 1957, com o enredo "Legados de dom João", a azul e branca contou com o trabalho do figurinista Mário Bastos e do ator e cenógrafo Finfas, ambos cedidos por Zaquia.

Em depoimento à revista *Bondinho* em março de 1972, o autointitulado relações públicas da ala dos Demolidores da Portela, José Silva, lembra o carinho dos moradores pela atriz. "Era mais amiga de Madureira do que do teatro",[91] definiu ele, que se apresentava também como "repórter de futebol amador" e conversou com a reportagem da revista, entre muitos copos de cerveja, ao lado do baluarte imperiano Mano Décio da Viola.

A relação com o bairro havia se consolidado de tal forma que Zaquia se tornara torcedora do Madureira Atlético Clube, daquelas de ir ao estádio. Almoçava diariamente na pensão de dona Conceição, no número 378 da rua Carolina Machado, quase ao lado do teatro. Quase sempre ia com outras atrizes da companhia e acabou fazendo amizade com a cozinheira, que morava no local com a família. "A dona Conceição vendia pratos feitos, comida caseira. Minha casa era geminada com a dela e volta e meia eu subia no muro para ver as vedetes fazendo as refeições", conta a advogada Maria de Fátima Araújo, que morava no número 380. Fátima tentou algumas vezes empurrar a porta para dar uma espiadela no interior

UM TREM DE LUXO PARTE

do teatro. "Zaquia não deixava, espantava a gente dizendo 'não pode', 'não pode'", recorda.

Havia, na parte externa do Madureira, uma pequena vitrine onde ficavam expostas as fotos do espetáculo em cartaz. Para aqueles que ainda não tinham a idade mínima para entrar, era um alento parar diante do expositor e observar as imagens das atrizes. A tão falada vitrine chegou a render reclamações nos jornais. A queixa principal se relacionava a uma suposta incoerência entre a proibição das peças para menores e a exibição pública de fotos com corpos seminus.

Em meio às jovens de Madureira, Zaquia era vista como um enigma, mescla de assombro e fascínio. Chamava a atenção pelos saltos sempre muito altos, a sobrancelha marcante e a maquiagem carregada. "Nunca a vi sem maquiagem, nem mesmo no camarim ou nas ocasiões em que me pegou em casa, para dar carona. Ela parecia já acordar maquiada", diz Sandra Sandré.[92]

Assim como outras adolescentes, Maria de Fátima gostava de segui-la pelas ruas de Madureira, curiosa para saber aonde iria, o que faria, com quem poderia se encontrar. A artista de hábitos tão incomuns para os moradores do bairro aos poucos se tornaria um paradigma de mulher moderna.

Embora, a exemplo de Maria de Fátima, fosse menor de idade, Nei Lopes conseguiu escapulir por duas vezes para dentro do teatro em companhia de seu irmão Zeca, três anos mais velho. "Os espetáculos eram abertos com a marchinha tocada por uma pianista negra celebrada como 'a maestrina Rosa de Lima'. Daí anunciavam: 'O Teatro Madureira apresenta', e falavam o nome da peça. Nesse momento, as *girls* e o modesto elenco entravam saudando o público", relata.[93]

Professora de piano premiada com medalha de ouro pelo Instituto Nacional de Música (atual Escola de Música da Universidade Federal do Rio de Janeiro), Rosa foi por muitos anos a orquestradora das peças da companhia. Em 1959, se envolveu em uma disputa judicial contra os compositores José Prudente de Carvalho, o Carvalhinho, e Pelópidas Guimarães Brandão Gracindo, mais conhecido como Paulo Gracindo, em torno da autoria da marchinha "Vai ver que é", apresentada pela primeira vez no teatro de Zaquia.

Das peças a que assistiu ao lado do irmão, Nei ainda conserva em detalhes na lembrança a cena em que o tenor Victor Zambito, de cocar, saia e com o peito nu, cantava "Senhor da floresta", de René Bittencourt.

Os versos evocavam o "índio guerreiro da raça Tupi" enfeitiçado pela formosura de uma Morubixaba. A plateia já conhecia o samba, que havia sido lançado por Augusto Calheiros em 1945 e seria gravado décadas depois por Jair Rodrigues e Maria Bethânia.

Nas noites de sessão, a rua Carolina Machado ficava lotada de carros. À porta do teatro, havia um baleiro e uma vendedora de doces que, de tão presentes, tratavam Zaquia com intimidade. Certa noite, ela notou que a vendedora não aparecera. Pediu ao pessoal da companhia que descobrisse a razão. Já idosa, a doceira estava doente. Para piorar, morava sozinha. Zaquia passou, então, a pagar o aluguel do barraco da senhora e a lhe dar uma ajuda mensal de 300 cruzeiros. Em contrapartida, a vendedora enviava especialmente para o escritório da atriz os quitutes que preparava com reconhecido talento.

O baleiro também contou com o socorro da dona do Madureira. Ao flagrá-lo às lágrimas após uma sessão noturna, Zaquia soube que ele perdera o pai e não teria como continuar com os estudos. Por quatro anos pagou o colégio para o rapaz, que continuou negociando dropes e bombons até concluir o curso técnico de contador.

Essas ações geravam apreço entre os moradores e dissipavam os temores quanto aos males que o teatro poderia suscitar em um bairro notoriamente conservador. O jogo estava sendo ganho e, no segundo semestre de 1955, veio mais um sucesso: *Ve si mi esquece*.

A peça foi escrita por Fernando Henrique Costa, o F.H. Costa, em parceria com Augusto Ferreira (também chamado de Hamilton Ferreira, ou de "Vagareza"), humorista da Rádio Nacional que fazia sua primeira investida como autor teatral. Trazia, já no prólogo, a menção a Madureira, nome de um dos personagens em cena.

A ele se contrapunha o Granfino, egresso da "cidade". Essa contraposição entre o subúrbio e aquilo que se chamava de "cidade", ou seja, o centro, era bastante comum. O Granfino convencia o amigo, que não desejava deixar Madureira "de jeito nenhum", a incursionar pelas boates mais sofisticadas do Rio. Que, claro, ficavam longe do bairro.

O *tour* se revelava proveitoso até que Rosalina, a namorada de Madureira, aparecia. Ele ainda tentava convencê-la de que os shows e as músicas eram de alta qualidade, mas levava a reprimenda:

UM TREM DE LUXO PARTE

— Tá ficando besta, é? Então tu esquece que os sambas são feitos lá em cima? Quem é que faz esse ritmo gostoso que bole com todo mundo?[94]

Nesse momento, a orquestra atacava com um samba-canção:

> Da Vila ao Estácio de Mangueira
> O samba é também de Madureira
> Orgulho desse povo varonil
> Sai do Rio de Janeiro
> Pra cantar o mundo inteiro
> Com o compasso do Brasil[95]

O contraponto ao conceito do que seria valoroso ou chique se dava a partir de uma afirmação da cultura popular e, consequentemente, das áreas onde esse tipo de arte florescia. Pelo menos no universo das peças do Teatro Madureira, o morro e o subúrbio assumiam a centralidade.

Apesar do bom desempenho de *Ve si mi esquece*, Zaquia fez vazar aos jornais a intenção de encerrar as atividades do teatro, em função do velho embate com o SNT. O órgão anunciara oficialmente que o subsídio anual cairia de 40 mil para 28 mil cruzeiros. Ela respondeu anunciando a transformação do espaço em uma agência de automóveis, a ser administrada por Júlio Leiloeiro.

Mas a ameaça não se confirmou e logo entraria em cartaz um novo espetáculo. Com *Pintando o sete*, Zaquia ratificava que pegara mesmo gosto pelo ofício de dramaturga. O texto, concebido a quatro mãos por ela e Alfredo Breda, apresentava um diálogo entre a Pintura, o Troca-Tintas e o Artesão. O trio misturava português, espanhol e francês para falar da arte grega, cubana, francesa e espanhola. Como na maioria das montagens, o texto era marcado pela galhofa e pelo uso de expressões ambíguas com objetivo explicitamente cômico. Isso acontecia já no início, quando o Troca-Tintas debochava do apelido do experiente pintor:

— Artesão? Velho desse jeito? Não te arde mais coisa alguma. Já pintou o que tinha que pintar...

— Ainda dou as minhas brochadas — respondia o interlocutor.[96]

No *Diário de Notícias*, o crítico Henrique Oscar equiparou *Pintando o sete* aos outros espetáculos do gênero encenados no centro ou na zona sul. "Haverá um pouco mais de modéstia e mesmo de primarismo na realização, mas a fórmula adotada, os recursos empregados, o 'estilo' são os mesmos. Nem a utilização do humorismo pesado é, afinal, mais intensa que na praça Tiradentes", argumentou.[97]

Oscar elogiou a boa comunicação do elenco com os espectadores, que dizia ser essencial em uma peça destinada "a um público supostamente não acostumado a teatro e que precisa ser levado a sentir-se à vontade e a se interessar pelo que está assistindo".[98]

Zaquia, que tinha o hábito de acompanhar as críticas publicadas na imprensa, certamente vibrou com a exaltação. Mas não deve ter gostado nada ao ver que o Madureira foi chamado de "simpático teatrinho". Poucas coisas a irritavam mais do que o uso do diminutivo para se referir ao seu negócio. "Ela ficava inimiga da pessoa, tinha que ser 'teatro'", frisava o costureiro Mário Bastos, que trabalhou da inauguração ao fechamento da casa de espetáculos e acabou indo morar na rua Maria Freitas, a um quarteirão dali.

Ciosa de seus projetos, a empresária parecia ter encontrado uma fórmula. Revistas à moda clássica, repletas de músicas e humor, com a estrutura dividida em prólogo, apoteose e duas dezenas de quadros.

A alegria do peru, que abriu a agenda de 1956, seguia o modelo. Mais uma vez o nome de Zaquia aparecia nos créditos do texto, agora ao lado de J. Wagner. O jornal *Luta Democrática* qualificou o espetáculo, cujo título era inspirado nas colunas de Ibrahim Sued, como "a mais carnavalesca entre as peças que estão sendo apresentadas em nossos palcos".[99] O figurino "technicolor" de Mário Bastos também era destacado na resenha.

A montagem ficaria marcada por um imprevisto. Com o ar-condicionado quebrado, a sessão do dia 22 de janeiro, um domingo, se desenrolou sob o fortíssimo calor do verão. Os trabalhos decorriam normalmente quando a cantora América Cabral e a corista Rita desmaiaram em cena. Precisaram ser levadas pela Kombi da companhia ao Hospital Salgado Filho, no Méier, para receberem atendimento. O incidente resultou na interrupção da temporada.

As atividades só seriam retomadas em março, com a peça *Quem é que não gosta?* e o ar-condicionado em perfeito funcionamento, para alívio do elenco e dos espectadores. Zaquia voltava a encenar um texto da dupla J. Maia e Max Nunes, que já se tornara sinônimo de sucesso em Madureira.

O espetáculo se iniciava com um colóquio entre Casanova, Dom Quixote e a Tentação. Ela está à procura da "camisa do pecado" que, supostamente, acabaria com todas as suas desventuras. No meio do papo, entravam as *girls*, cada qual com uma blusa diferente, em referência a mulheres míticas como Catarina da Rússia, mulher de Pedro, o Grande, Madame du Barry, última amante do rei Luís XV de França, e a princesa grega Helena de Troia. A sequência contemplava também personagens contemporâneas, entre elas Ava Gardner e Marilyn Monroe, em um desfile ritmado por versos que justificavam a exposição do corpo:

> *Eu uso pouca roupa*
> *Que é pra fazer cartaz*
> *Se não me derem bola*
> *Eu tiro ainda mais*
> *Se eu sou escandalosa*
> *É por necessidade*
> *Pois quem anda vestido*
> *Não tem publicidade*[100]

Foi uma pequena pausa de Zaquia no trabalho autoral. Já no espetáculo seguinte, *Vira o disco*, ela voltaria a tomar a frente na elaboração do texto, dessa vez com Boiteux Sobrinho.

O balanço dos quatro anos de atividades era positivo, embora houvesse plena consciência dos obstáculos que precisava ultrapassar diariamente. "Graças a Deus, conseguimos fazer do Teatro Madureira um hábito para grande parte da população suburbana e creio que este será o primeiro ano em que a receita cobrirá as despesas",[101] disse, com relação às perspectivas do fechamento contábil de 1955. Mesmo assim, se confessava desanimada: "É uma luta inglória. Os salários sobem todos os anos, o direito autoral foi também majorado e nós não podemos aumentar o preço dos ingressos sob pena de perder o público conquistado, que só gastava dinheiro em cinema e futebol."[102]

Os ordenados dos artistas variavam entre 4 mil e 12 mil cruzeiros, e a eles se somavam os gastos com o arrendamento do prédio, custos logísticos e administrativos, além dos repasses às sociedades arrecadadoras de direitos. Zaquia lamentava que a Câmara do Distrito Federal tivesse recusado mais um pedido de subvenção com o argumento de que o Madureira cobrava ingressos. E ameaçava, meio a sério, meio à brinca, transformar o teatro em um mercadinho.

Apesar das queixas, ela estava ambientada no bairro e tornara-se interlocutora frequente dos moradores, majoritários na plateia. Mais confiante na elaboração dos quadros, acreditava ter encontrado o tom certeiro para contentar o público local. Essa confiança se refletiu na intensa participação em *Vamos brincar*, que seria encenada a partir de julho. "Zaquia Jorge faz tudo na revista: caipiras, bailados sensuais e cenas de rua. A nosso ver, deveria especializar-se nas caipiras, inclusive maquiando-se como tal. Lembra a Alda Garrido, e isto dito sem intuito de apontar imitações diz do seu valor no gênero", afirmou Ney Machado, em *A Noite*.[103] Além de atuar em tantos papéis, Zaquia assinava o texto, novamente ao lado de Alfredo Breda.

Ney expunha seus reparos ao linguajar chulo — quase "pornográfico", segundo o crítico —, mas repisava a vocação do Teatro Madureira para revelar novos talentos: "As pequenas bonitas que descobre e que ali aprendem a dançar e desfilar dentro de pouco tempo estão nos teatros Recreio e Carlos Gomes e nos da zona sul."

No *Correio da Manhã*, Paschoal Carlos Magno destacaria igualmente essa particularidade, chamando o Madureira de "teatro-laboratório do nosso teatro musicado".[104] "No seu palco têm surgido artistas que descem depois de automóvel, trem, lotação ou ônibus para os elencos da praça Tiradentes ou Copacabana", afirmou, antes de se derramar em elogios: "Pequeno e longínquo. Desamparado dos poderes públicos e esquecido pela maioria da imprensa, mas realizando, por força do sonho e da capacidade de trabalho da sra. Zaquia Jorge, aliada a um homem honesto e operoso como o leiloeiro Júlio, uma obra de amor."[105]

O palco erguido por Zaquia já havia mesmo se firmado como manancial capaz de alimentar outras companhias. Em entrevista ao programa *As máscaras falam*, da TV Tupi, em 1956, ela foi questionada pelo crítico Brício de Abreu sobre como reagia a isso. "Ficou famoso o dito: precisa de *girls* ou de vedetinhas? Vá buscar no Madureira!", comentou Brício, ao que

UM TREM DE LUXO PARTE

a atriz respondeu: "Não me irrito, fico até contente quando vejo elementos do meu Madureira subirem e serem disputados pelos empresários."[106]

A relação que mantinha com os contratados da companhia ultrapassava o aspecto profissional. Era comum que concedesse vales, adiantando quantias que seriam depois descontadas do salário. E o trato com os empregados era marcado por carinho e compreensão. "Zaquia não falava com suas *girls* aos gritos e insultos, mas tratava-as como colegas e seres humanos", afirmaria a revista *O Cruzeiro* em matéria sobre seu trabalho.[107] O cuidado com a equipe se revelava também em pequenos gestos, como a proteção às atrizes mais jovens. Muitas vezes ela orientou os funcionários administrativos do teatro a acompanhá-las até em casa após os espetáculos, para ter a certeza de que chegariam em segurança. "Ela não agia como empresária, e sim como uma amiga", resume Sandra Sandré, que tinha apenas 18 anos quando começou a trabalhar no Madureira.

Depois de tantos entraves, Zaquia estava realizada. Se perdia parte da equipe, atraída pelos sedutores convites de companhias mais ricas, buscava substitutos que logo seriam o foco das atenções.

As turbulências haviam ficado para trás e isso se estendia à vida privada, em fase de calmaria. Mesmo os embates com Júlio, movidos usualmente por ciúmes de parte a parte, rarearam. O mais recente remontava à dura discussão que tiveram quando Celeste Aída o chamou para ser sócio do teatro que almejava erguer na Penha Circular. Zaquia ficou possessa. E Júlio, em nome da paz conjugal, recusou o convite.

Para a alegria da mãe, o garoto Carlos Alberto tinha boa relação com o padrasto. Revezava-se entre o apartamento da rua Santa Clara e a casa do pai, por vezes ficando também com sua tia Leontina, irmã de Oswaldo. Só mais tarde, quando já pré-adolescente, passaria a frequentar o Madureira — e com crescente entusiasmo por desfrutar da convivência com as vedetes. Logo se tornaria o xodó da companhia.

O teatro encerrou as atividades de 1956 com as peças *Mistura e manda*, em outubro, e *Você não gosta*, em novembro. Os dois espetáculos foram criados pela própria Zaquia com o parceiro Boiteux Sobrinho. O primeiro seguia o protótipo consagrado entre o público local. Um combo que misturava cenas de fantasia, como o diálogo entre o incauto Praxedes, uma laranja e uma maçã, com esquetes inspirados em cenas do cotidiano urbano. Havia também um número no qual os dois autores alfinetavam o tratamento jocoso muitas vezes reservado ao teatro de revista. O movimento começa com um anúncio cheio de pompa: "Querendo apresentar um quadro musical que se afaste da trivialidade, isto é, procurando um cunho de mais originalidade na exibição, Zaquia Jorge colocou à margem o samba, o *swing*, o mambo e a marcha, que vinham obrigatoriamente nas nossas revistas. A conhecida empresária, desejando presentear o público, contratou a notável bailarina russa Tamara Krsiev, solista da Ópera de Moscou, para exibir-se neste teatro."[108]

Após a convocação da dançarina gringa, seguia-se o que os dramaturgos chamaram de "bailado excêntrico".

No roteiro original de *Você não gosta*, guardado no acervo da Sociedade Brasileira de Autores Teatrais, há uma marcação precisa da divisão do trabalho entre Zaquia e Boiteux. Ele ficou responsável pelo prólogo e por doze dos dezoito quadros preservados. A atriz escreveu os outros seis.

As cenas concebidas por ela têm como característica o registro das agruras da população mais pobre. Em "A Barnabela", por exemplo, o número é centrado na passageira que se queixa com o público sobre o aperto do transporte ferroviário. "Todo mundo viaja de embrulho. Uns carregam ovos, outros linguiça, carne fresca, vassouras, o diabo, e no vai e vem do trem, empurra pra lá, empurra pra cá, os ovos se esborracham e a gente fica assim. É linguiça pelo chão, carteiras que desaparecem, e a gente sem poder se mexer", diz a personagem que, na sequência, relata a experiência de ter ido da Central do Brasil a Deodoro. "Deus que livre todas as mulheres de serem esposas de Barnabés. Ser mãe é viver num paraíso, ser Barnabé é viver num parafuso",[109] lamenta-se.

Outro esquete concebido por Zaquia era ambientado em um hotel barato, onde Jeremias, sem dinheiro, busca um canto para passar a noite. Mais apegados ao humor, os demais quadros se concentravam em situações de galanteio ou infidelidade conjugal.

Você não gosta encerrou em clima de alto astral a programação de 1956. Para abrir o ano seguinte, Zaquia promoveria a estreia de *Sacode a jaca*, texto apenas de Boiteux, que ocupou o teatro a partir de janeiro. Foi um início promissor. Com forte teor humorístico, a peça agradou a plateia já familiarizada com o estilo das produções. Eram quatro cômicos em cena: Costinha, Celeste Aída, Silvio Júnior e a própria Zaquia. No jornal *A Noite*, Ney Machado apontou o domínio de cena e a segurança com que ela desempenhava os papéis caricatos da peça. "Se não fora pleonasmo, diríamos que está no Madureira como se ali fosse a sua casa", enfatizou.[110]

De fato, nas ruas todos a conheciam. Ela conversava com os comerciantes, que compunham a classe média, e também com os moradores dos morros que circundam o bairro. O desembaraço era tamanho que certa vez saiu do teatro falando que ia dar uma volta e desapareceu por mais de duas horas. Júlio e os colegas da companhia ficaram apreensivos. Ele então se dispôs a procurá-la.

Depois de percorrer vários quarteirões, encontrou Zaquia em um boteco pé-sujo. Ao lado dela figurava um grupo pouco afeito à *finesse* dos grandes salões.

— Saí para jantar num restaurante. Mas encontrei essa turma e fiquei aqui mesmo. Agora estamos disputando o jantar — disse ela a Júlio.[111]

Zaquia havia proposto aos novos amigos que comessem e depois decidissem no "basquete de bolso" — ou seja, na porrinha — quem pagaria a conta.

No fim, levou a melhor.

REENCONTRO COM DERCY

A consolidação do Teatro Madureira era evidente, mas Zaquia se rendeu ao receber um convite temporão para voltar ao cinema. No fim de 1956, foi procurada por Watson Macedo, que montava o elenco de seu próximo trabalho: *A baronesa transviada*.

Macedo havia construído uma sólida reputação como diretor. No começo da carreira, atuara como produtor, montador e assistente de direção nos estúdios da Brasil Vita Filmes, que eram comandados por Carmen Santos e se notabilizaram pelo lançamento de filmes de Humberto Mauro.

120 ESTRELA DE MADUREIRA

Chegou à Atlântida em 1943, levado pelo fotógrafo Edgar Brasil, e lá pavimentou a trajetória de sucesso com dois estouros de bilheteria: *Este mundo é um pandeiro*, de 1946, e *Carnaval no fogo*, de 1949.

Embora investida da dupla função de empresária e atriz de revista, e bastante atarefada com o dia a dia administrativo do Madureira, Zaquia topou embarcar no projeto do diretor. Macedo, que fora o responsável pela montagem de *Fantasma por acaso*, mais uma vez teria Dercy Gonçalves no papel principal. Ele escreveu o argumento do filme ao lado de Chico Anysio, que tinha apenas 26 anos de idade.

A trama se funda nas desventuras da manicure Gonçalina Vassourada Piaçava da Silva (Dercy), cujo maior sonho é trabalhar no cinema. Certo dia, os colegas de salão a alertam sobre a notícia que corre pela cidade, de uma moribunda baronesa à procura da filha a fim de deixar sua fortuna como herança. A tal moça, que se perdera da mãe quando ainda era um bebê, teria um sinal nas costas. Gonçalina se parece muito com a baronesa e a pinta está lá, logo acima do cóccix.

Ela então vai até a mansão da endinheirada, também interpretada por Dercy. Entre as candidatas, é a "filha" número 3.349 a chegar. Mas fura a fila e logo recebe o reconhecimento oficial, para desgosto dos parentes da quase falecida. Gonçalina não tardará a receber 50 milhões de cruzeiros.

Com o montante em mãos, passa a ser chamada de Baronesa e é interpelada por Ambrósio Bezerra (Humberto Catalano), um produtor à beira da falência. Poucos dias antes, a manicure tentara uma vaga no set de filmagem e havia sido expulsa do estúdio por ele. Ambrósio lhe promete elaborar uma comédia musical, com a condição de que ela financie a produção. Gonçalina topa.

A partir daí, desenrola-se um novelo típico das chanchadas. De um lado, a agora ex-manicure enfrenta as artimanhas da recém-descoberta família, que tenta tomar seus bens. De outro, vê-se enredada na tramoia arquitetada por Ambrósio, cujo objetivo é salvar o próprio estúdio e obter recursos para bancar o novo filme de Suely Borel, a estrela da companhia.

Suely é interpretada por Zaquia, que compõe com precisão o papel da atriz afetada e cheia de empáfia. O embate entre Gonçalina e Suely reflete, sob perspectiva alegórica, uma dicotomia comum à época: o drama,

UM TREM DE LUXO PARTE

supostamente mais respeitável, como oposto à comédia — sobretudo a musical —, identificada como uma arte "menor".

Esse conflito é bem explicitado no curto diálogo que acontece no segundo encontro de Gonçalina com os produtores. Guillermo Masseratti, personagem vivido por Otello Zeloni, é o braço direito de Ambrósio e anuncia oficialmente que ela será sócia no filme *Lágrimas de sangue*, que o estúdio finaliza.

— Mas isso é pra rir ou é pra chorar? — pergunta Gonçalina.

— Nós fizemos pra chorar — ele responde.

— Ah, pra chorar não quero, não.

— Mas é bem provável que o público ria — pondera Ambrósio.

— Não, eu quero uma coisa alegre, para a moçada se divertir, para a gente se esbaldar... — ela avisa, antes de uma sonora gargalhada.

Masseratti insiste:

— Baronesa, a Suely é uma estrela que só faz drama.

Mas Gonçalina não se dá por vencida. E decreta:

— Não, se ela quiser entrar no meu filme, ela tem que rebolar.

— Rebolar, eu? Audácia! — retruca Suely, indignada, antes de se virar de costas e sair, requebrando as cadeiras.

A disputa será reiterada em outras sequências, como aquela em que Suely questiona o "Carnaval" no set ao flagrar os atores em cena com fantasias e instrumentos percussivos. Culminará no momento em que as duas se atracam em meio às filmagens.

Macedo deixa claro seu intuito em fazer a defesa da chanchada com um filme que ilumina não só os bastidores do cinema, como sua natureza de artifício. Em diferentes momentos, o espectador se depara com cenas que descortinam os mecanismos por trás do que é mostrado na tela.

Isso acontece já na sequência inicial, na qual Suely, em companhia do amante, é surpreendida pela súbita chegada do marido. Tomado pela raiva, ele atira no antagonista e tenta também alvejá-la. O grito "Corta!" interrompe a ação e percebemos que se tratava de uma filmagem. A chuva torrencial será igualmente revelada quando a câmera foca nos três funcionários do estúdio com regadores à mão.

Fiel às convenções da chanchada, *A baronesa transviada* traz quadros musicais, entre os quais se destaca a participação de Bill Farr interpretando

"O que é amar", de um iniciante Johnny Alf, e o canto coletivo do samba "Vai que depois eu vou", de Zé da Zilda, Zilda do Zé, Adolfo Macedo e Aírton Borges, na cena foliã que tanto desagrada Suely Borel.

As filmagens aconteceram no início de 1957 nos estúdios da Brasil Vita, no bairro da Muda, onde estava instalada a produtora de Macedo. E quase foram impossibilitadas por um grave acidente. À frente do estúdio e da sala de montagem, havia uma construção de cimento cujo telhado tinha buracos, servindo como respiradouro. Mauro Alice, o montador do filme, fazia seu trabalho quando notou que sinais de fumaça saíam de um dos orifícios. Rapidamente foi até onde Macedo estava, a fim de avisá-lo. Ao voltar, ouviu uma explosão. A porta que dava acesso ao depósito de filmes, feita de ferro, se abriu. Lá dentro as películas ardiam em meio às chamas.

"No meio disso tudo, como estavam filmando uma última cena de Carnaval, todo mundo fantasiado foi saindo do estúdio e se concentrando fora para ajudar a apagar o fogo e salvar as latas acumuladas nas prateleiras",[112] conta ele, que mais tarde trabalharia em filmes de Mazzaropi, Walter Hugo Khouri e Hector Babenco.

Preocupado com as cenas já filmadas, Mauro fechou a janela da sala de montagem e correu para tentar ajudar na contenção do incêndio.

"Parecia uma comédia. Toda aquela gente fantasiada de baiana, bailarina, dominó, pierrô, correndo do fogo, ajudando com os baldes, carregando água de um laguinho que fora feito em frente justamente para esfriar o ambiente. A única pessoa com cabeça fria e raciocínio ativo era a especialista em vilã, tentadora, falsa. Foi ela que entrou no laguinho e organizou a corrente dos figurantes que passavam os baldes para jogar água no fogo nas venezianas e portas", recorda-se.

A "vilã" era Zaquia.

Dercy também testemunhou problemas nas filmagens, muito em razão da pressa de Macedo em terminar a obra. Em depoimento a Maria Adelaide Amaral, ela revelou que havia poucos rolos para fazer o filme inteiro, o que impedia a repetição de cenas em busca da melhor performance dos atores: "Em resumo: se a cena ficar uma merda, foda-se. Vai assim mesmo."[113]

Para desfrutar dos benefícios da legislação local, *A baronesa transviada* passou pelos processos de sonorização e copiagem em São Paulo.

UM TREM DE LUXO PARTE

E foi lá que estreou, no dia 29 de julho, ocupando sete salas. O filme só chegaria ao Rio em novembro, com exibição em dezesseis cinemas, entre eles o Coliseu, que Zaquia um dia tentou alugar. Nos créditos listados nos fotogramas finais de cada exibição, os espectadores podiam ver, entre os colaboradores, o nome de Júlio Monteiro Gomes.

Anúncios de *A baronesa transviada* ocupavam as páginas dos jornais e o filme teve boa capilaridade da distribuição, mas a recepção da crítica foi a pior possível. Conhecido por sua antipatia pelo gênero, Cláudio Rocha afirmou, na *Tribuna da Imprensa*, que a película "concentra todos os lugares--comuns, todas as asneiras, todos os defeitos, que são um denominador comum nas chanchadas até hoje filmadas". Segundo ele, tratava-se de uma "história inteiramente idiota, realizada com o máximo de ingredientes medíocres".[114]

As pauladas miravam o elenco, de Dercy a Grande Otelo — ele que acabara de brilhar em *Rio, zona norte*, sob a direção de Nelson Pereira dos Santos. Atingiam, sobretudo, Macedo. "Com tantos negócios no mundo, ele escolheu o cinema. É uma lástima e o azar é nosso", batia o crítico, sem dó.[115]

Em tom menos grave, mas igualmente firme, a *Última Hora* qualificou o filme como "fraco". Na resenha, Luiz Alípio de Barros lamentava que Macedo, "capaz de realizar coisas bem mais interessantes", tenha malogrado no *script*. "Se falhou de entrada ao imaginar a história e as situações que armou para Dercy, não poderia salvar a pátria com a direção. Errou o escritor e, quando um escritor erra, somente um diretor de largos recursos e de talento poderia tirar partido e desenvolver respeitosamente um argumento frágil", argumentou.[116]

UMA MULHER FELIZ

Zaquia não chegou a ver *A baronesa transviada* nos cinemas. Quando morreu, ainda havia cenas a serem filmadas. Macedo finalizou a obra apesar das pendências.

O trabalho como atriz no longa-metragem foi conjugado com as atividades do Teatro Madureira, onde *Sacode a jaca* dera lugar a *O negócio é mulher*. Na peça de Luiz Felipe Magalhães, ela atuava ao lado de Margot Morel, Celeste Aída, o cômico Simplício e a fadista portuguesa Leonora Monteiro. Zaquia interpretava os papéis de maior relevo, protagonizando inclusive o quadro final, em que descia triunfalmente do teto para cantar o clássico francês "Ça c'est Paris".

A montagem confirmava que o Madureira se tornara mesmo uma referência de diversão no subúrbio carioca. Assim como nas encenações anteriores, Zaquia promoveu uma *avant-première* para a crítica, com direito a transporte na Kombi da companhia. O esforço redundou em discretas notas, além de uma resenha assinada por Jota Efegê no *Jornal dos Sports*. Como bom cronista, ele não se limitou a analisar o que viu no palco, estendendo sua observação à plateia que frequentava o teatro.

"Gente daquele populoso subúrbio que comparece, em trajes esportivos, a exemplo de Copacabana, no à vontade agradável e refrescante", comentou. Quanto ao trabalho em cena, dizia que o texto era "fraquinho" e repetia situações já muito exploradas. "O quadro da maternidade, que o cômico Simplício fez, Oscarito apresentou-o, há anos, no Teatro Recreio e, recentemente, Ankito também o reviveu no Teatro Jardel", apontou. Mas os números, ressaltava, geraram palmas espontâneas, "sem ajuda de 'claque'".[117]

A resenha lamentava a "graça pesada, pornográfica" que tenta lograr efeito humorístico. E fazia um apelo direto a Zaquia: "A nosso ver, deveria pedir aos autores de suas revistas que não 'apimentassem' muito os seus originais a fim de não afugentar as famílias madureirenses de seus espetáculos."[118] As sessões lotadas mostravam, no entanto, que o público não tinha qualquer problema com essa questão.

Se profissionalmente tudo ia bem, na intimidade do lar Zaquia enfrentava agruras. A relação com Júlio estremecera e especulações sobre uma suposta separação do casal começaram a pipocar nas páginas dos jornais. A ponto de ela telefonar a Ney Machado, de quem era próxima, para pedir uma correção na coluna que o crítico mantinha.

"Quero que *A Noite*, que tem a maior penetração na classe teatral, faça esse desmentido. Eu e Júlio continuamos em eterna lua de mel. O boato que falava de nossa separação só pode ter sido inventado por gente invejosa ou maledicente", afirmava Zaquia sobre o falatório. "Imagine que chegaram

UM TREM DE LUXO PARTE

a dizer que eu fora tomar satisfações com uma corista! Esta moça — com quem eu conversei amigavelmente — era apenas a namorada do filho do Júlio. Pode escrever também que o Júlio continua me ajudando na administração do Teatro Madureira, com o mesmo entusiasmo de há quatro anos, quando inauguramos aquele palco."[119]

Ao lado do texto, o colunista publicou uma fotografia do casal — ela em vestido de gala, ele de *smoking* — com a legenda: "Desejando provar que o falado afastamento de Júlio Leiloeiro era apenas boato, Zaquia Jorge cede-nos esta foto, tirada há alguns dias e na qual fica positivada a afirmação da empresária, 'Continuamos em eterna lua de mel'."[120]

Na *Luta Democrática*, Henrique Campos reiterava a paz conjugal: "Zaquia Jorge afirma que está tudo azul entre ela e Júlio Monteiro Gomes."[121]

Não se sabe quem vazou a informação tão contestada. A crise, porém, era de conhecimento das amigas mais próximas e também das atrizes da companhia. Celeste Aída, após o acidente, diria inclusive que a bebedeira da trágica segunda-feira de 22 de abril fora impulsionada pelos aborrecimentos que Zaquia vinha tendo em casa. E todos sabiam de sua fraqueza para o álcool, verbalizada por Mário Bastos: "Ela era uma mulher muito alegre, vivia brincando, mas que não podia beber. Com um único gole, ela perdia o controle sobre si."[122] Sandra Sandré confirma: "Zaquia não estava acostumada com bebida alcoólica."[123]

Da inauguração até a fatídica viagem da trupe à Barra, o Teatro Madureira encenou trinta peças, além de três espetáculos infantis: *A bruxa e a fada* (1952), *O padeiro Braulinho* (1952) e *As aventuras de Pedro Malasartes* (1953). Zaquia empenhou quase todo o seu dinheiro no projeto, arriscando a estabilidade financeira que conquistara ao lado de Júlio e também a carreira como atriz.

"Ela chegava, tirava as joias e ia lavar o teatro, os vasos sanitários, lavava tudo. Repetia sempre que, se tivesse um fracasso, preferia morrer junto com o Madureira, incendiaria o teatro com ela dentro e acabava com tudo. Uma mulher muito esforçada, não foi uma grande atriz, mas uma vedete popular", testemunhou Mário Bastos.[124]

Na véspera do piquenique, um domingo, Zaquia atuara em três sessões consecutivas de *O negócio é mulher*. Já projetava a próxima peça, enco-

126 ESTRELA DE MADUREIRA

mendada a Boiteux Sobrinho, confiante de que havia encontrado o rumo ideal para o Teatro Madureira. Se a crítica permanecia hesitante e resenhas continuavam sendo raridade, os espetáculos tinham conquistado uma plateia fiel. Mais que isso, a própria Zaquia se transformara em personagem do bairro, identificado com sua rotina e seus costumes. Até o dia do fatal mergulho na Barra.

"A pirraça de uma atriz faz um teatro funcionar",[125] estampara o título de uma matéria publicada na *Tribuna da Imprensa* dois anos antes. "Tive grandes prejuízos. Perdi tudo o que tinha — e no começo, quase desisti. Havia dias em que não entrava tostão. Vendi o que era meu. Arruinei-me, mas fiquei firme. E o resultado está aí. Um teatro modesto, é verdade, mas que sempre procura superar as suas próprias deficiências e apresentar ao público um espetáculo cada vez melhor", declarava Zaquia na reportagem.[126]

Quando seu projeto começou a vingar e o curso do vento mudou, uma amiga que morava em Copacabana se virou para ela e afirmou, com aberta franqueza:

— Minha querida, cometeste um grave erro, não o percebes? Em qualquer teatro de Copacabana serias hoje uma estrela, talvez a maior de todas as estrelas; aqui em Madureira, o que és?

Ao que Zaquia respondeu:

— Uma mulher feliz.[127]

5
Meu samba traduz

No dia 20 de outubro de 1957, o *Correio da Manhã* cravava qual seria o grande sucesso do Carnaval do ano seguinte: "Madureira chorou", composição em homenagem a Zaquia Jorge gravada por Joel de Almeida e cuja autoria o jornal atribuía a José Prudente de Carvalho, o Carvalhinho, e a Júlio Leiloeiro. A nota da coluna Discoteca, assinada por Claribalte Passos, trazia a íntegra da letra do samba que classificava como uma "bomba atômica" e cuja primeira estrofe diz:

> *Madureira chorou*
> *Madureira chorou de dor*
> *Quando a voz do destino*
> *Obedecendo ao Divino*
> *A sua estrela chamou*

Em tom reverente, mas sem fazer menção ao nome de Zaquia, os compositores falavam da gente "boa e modesta" do subúrbio, que continuava a prantear a morte da vedete meses após o afogamento.

A música foi lançada pela Odeon em disco de 78 rotações. Ocupava o lado A do disco, que trazia no verso o coco "Tiro o leite", de Mirabeau e Don Madrid. Teve sua primeira apresentação pública naquele mesmo mês de outubro, com a participação de Joel de Almeida no programa *Um instante, maestro*, que Flávio Cavalcanti apresentava na TV Tupi.

As previsões otimistas se confirmaram. Com a renda dos direitos autorais cedida ao teatro fundado por Zaquia, "Madureira chorou" ocupou, realmente, a cabeça nas paradas da folia em 1958. Explodiu no concorrido programa de César de Alencar na Rádio Nacional e logo ganhou as ruas, não só as do Rio de Janeiro. "Sucesso no Norte e no Sul. No Pará, o governador [Magalhães] Barata apanhou numa repartição todos os funcionários batucando nas mesas samba que outro não era senão 'Madureira chorou'… No Paraná, 'Madureira chorou' foi o refrão preferido da mocidade", reportava a revista *Radiolândia* em 8 de março.[1]

A badalação em torno do samba logo fomentou uma polêmica. Embora a maioria dos jornais a tratasse como sendo de Carvalhinho e Júlio Leiloeiro, aqui e ali pintavam comentários maliciosos sobre uma suposta compra da composição. Sobretudo porque Carvalhinho e Joel de Almeida eram parceiros habituais e nem sequer esfriara totalmente um recente sucesso que haviam criado juntos: "Quem sabe, sabe", a marchinha mais tocada no Carnaval de 1956.

Foi o caso da coluna Coisas do Rádio e da TV, do *Diário Carioca*. O titular da seção, que assinava N. de H., reproduziu suposto diálogo entre Carvalhinho e um tal Mister Eco:

Há poucos dias Mister Eco perguntou ao Carvalhinho:
— O Júlio Leiloeiro fez alguma coisa no samba ou entrou, somente, de parceiro?
O compositor respondeu, muito sério:
— Fez, sim. Fez os versos.
E acrescentou:
— Eu meti lá uns arremessos poéticos que custaram a ele nada menos que 40 mil cruzeiros.[2]

Naquele mesmo ano, 40 mil cruzeiros havia sido o valor do salário mensal oferecido pelo clube espanhol Valencia em proposta de contrato ao recém-campeão mundial Didi, jogador que atuava no Botafogo.

Outro colunista, sob pseudônimo, dedicou comentários ainda mais corrosivos ao viúvo de Zaquia. No mesmo *Diário Carioca*, I. Picilone

MEU SAMBA TRADUZ

afirmava que a canção "foi classificada para obter o prêmio, na batida do martelo, pelo Júlio Leiloeiro".[3] "Outros dizem que não, que Júlio fez alguma coisa no samba, isto é, deu a ideia de relembrar a saudosa 'estrela' Zaquia Jorge", continuava, preparando o arremate: "Não tem importância. O que tem importância mesmo é que Joel anda indignado com essa história de dizerem que foi ele quem gravou a música. Joel casou-se há poucos dias, é, agora, um homem sério, espera ser convocado pela CBD[4] para jogar na Suécia e não quer envolvimento em sambas."[5]

O sarcasmo escorre pelas poucas linhas da nota. Joel gravara mesmo a composição e, ao sugerir jocosamente o contrário do que todos sabiam, I. Picilone fez uma indireta bastante direta sobre a questão da autoria. Muitos anos depois, o próprio Joel esclareceria que era, sim, coautor: "A Zaquia teve um romance com o Júlio [Monteiro], empresário de teatro, e ele era tão bom pra mim, sempre me adiantando vales, que resolvi tirar meu nome e colocá-lo na parceria", contou em julho de 1974 em depoimento ao programa *Especial RJB*, da Rádio Jornal do Brasil, e reproduzido no diário impresso.[6]

Após "Madureira chorou", Júlio apareceria como compositor em pelo menos duas outras músicas: "Duas rotações", parceria com Haroldo Lobo e Sebastião Gomes, gravada por Jorge Veiga em 1958, e "Tá falado", com René Bittencourt e o mesmo Sebastião Gomes, que ganhou a voz de Màrgot Morel em disco de 78 rotações no ano seguinte. A letra de uma terceira canção, chamada "Seu Mané Garrincha", assinada por Júlio, Sebastião Gomes e Henrique de Almeida, chegou a circular pelos jornais como lançamento para o Carnaval de 1959. Mas não há notícia de registro fonográfico.

Controvérsias à parte, o fato é que o samba em tributo a Zaquia grudou nas vozes de todo o país. Como se não bastasse, foi lançado nos Estados Unidos e em diversos países da Europa, como França, Bélgica, Itália, Alemanha, Espanha, Áustria, Inglaterra e Portugal. O périplo internacional se deu a partir da versão feita pelo francês Jean Broussolle, em que "Madureira chorou" ganha nova letra e o título *Si tu vas à Rio*".

Gravada no mesmo ano de 1958 em diferentes registros, pelo grupo Les Compagnons de la Chanson e pelos cantores Dario Moreno, Tino

Rossi e Yvette Giraud, a canção perde o caráter de lamento e vira um passeio turístico pela cidade, com fanfarras, escolas de samba e "meninas de cintura fina" [*Des filles à la taille fine*]. Pelo menos a menção ao bairro suburbano, onde acontece "a mais louca das danças" [*De la plus folles des danses*], foi mantida.

Em vídeo de 1966 no canal do Institut National de l'Audiovisuel (INA),[7] órgão vinculado ao Ministério da Cultura francês, podemos ver o bonachão Moreno com um chapéu enfeitado de bananas e outras frutas tropicais (chamado de "*exotique*" na legenda) enquanto dança e canta o samba, acompanhado da orquestra de Raymond Lefèvre.

"*Si tu vas à Rio*" seria a canção brasileira de maior sucesso na França naquela década.[8] O disco de Moreno que incluía o samba vendeu cerca de 1 milhão de discos em seu país e, quando o cantor cumpriu turnê pela cidade, em 1959, Carvalhinho e Júlio fizeram questão de visitá-lo no Hotel Copacabana Palace para agradecer-lhe a gravação.

No Brasil, "Madureira chorou" contabiliza mais de quarenta registros fonográficos. Está presente em discos de Jair Rodrigues, Beth Carvalho, Altamiro Carrilho, Lindolfo Gaya e Antônio Adolfo, entre outros artistas. Já fez parte também do repertório de Caetano Veloso.

O ESPETÁCULO CONTINUA

O Carnaval de 1958 reservaria outra homenagem a Zaquia. Naquele ano, o coreto de Madureira teve a atriz como tema. Os comerciantes no bairro se cotizaram para financiar o trabalho do diretor da *Subúrbios em Revista*, Carlos Gomes Potengy. Também artista plástico, ele projetou uma obra em dois planos. No primeiro, havia o espaço para o público, decorado com temas da folia. No segundo, quadros com fotos da artista e cartazes das principais peças que estrelou. Sobre a grandiosa cúpula, uma imagem de Zaquia vestida com a roupa usada em seu último trabalho.

Foram tempos de preito, lembrança e também de acertos de contas. Durante o Baile das Atrizes, realizado no Teatro João Caetano tradicionalmente na quinta-feira antes do Carnaval, ouviu-se o estalido de um

MEU SAMBA TRADUZ   131

tapa. "O campo de aterrissagem do mesmo: a face pelada do repórter
Nilton Rizarde, redator do pasquim denominado *Escândalo*", como relata
o Boletim da Associação Brasileira de Imprensa (ABI).[9] A publicação se referia a Nilson Risardi, cujo nome foi grafado incorretamente. Se ninguém
conhecia Nilson, todo mundo sabia quem era Freddy Daltro, pseudônimo
atrás do qual o jornalista se escondia.

O imbróglio envolveu Carmen Vic. Com a máquina fotográfica em
punho, Freddy pedira à atriz uma pose. Foi quando alguém cochichou
no ouvido dela que aquele era o repórter da espalhafatosa matéria sobre o
suposto assassinato de Zaquia. "Carminha nem mudou a cara (pra quê se
é tão bonita?). Antes posou, direitozinho para o rapaz moreno. Mas logo
depois, saindo daquela imobilidade grega, ajeitou um sopapo bem-inten-
cionado no queixo medíocre de mister Rizarde, de tal sorte que o rapaz
chorou e saiu correndo. Dizem as más línguas que durante a carreira
também gritava por 'mamãe'", explana a matéria.

O Madureira, por sua vez, permaneceria fechado por dois meses após
a tragédia na praia da Barra. Afora o luto, era preciso reorganizar a gestão
da casa, que acabou ficando a cargo de Abrahão Jorge. A reabertura se deu
no dia 31 de maio. O teatro ganhara o nome da atriz falecida e colocava
em cartaz a emblemática peça *O espetáculo continua*, de Luiz Felipe Guimarães. O título fora escolhido por Celeste Aída.

Com todos os lugares ocupados e filas pela rua Carolina Machado, a
montagem trazia Áurea Paiva, Floripes Rodrigues e Estela Dalva à frente
do elenco, e tinha três apresentações diárias, às 16 horas, 20 horas e 22
horas. Mas a plateia, ainda baqueada pela morte de Zaquia, sentia a falta
de sua estrela. Era como se o teatro tivesse perdido a alma.

Após quatro meses, Abrahão passou a gestão do espaço para Oswaldo
Rodriguez, ex-marido de Zaquia e representante legal do único herdeiro,
o já adolescente Carlos Alberto. O inventário só seria aberto na 4ª Vara
de Órfãos dois anos após o falecimento da atriz, por intermédio de seu
pai, Jorge Abrão. No processo, constavam apenas dois bens: o imóvel da
travessa Almerinda Freitas e o anel que ela usava no dia do afogamento.

A mudança na gestão acionou uma verdadeira central de boatos no
bairro. Uma das histórias que circularam — e quase teve consequências

trágicas — dava conta de que Júlio seria afastado do teatro. Assim como Zaquia, ele era muito querido em Madureira e, ao receber a notícia infundada do alijamento, alguns componentes da Portela planejaram apedrejar o imóvel. "Reuniram-se num café local e estavam prontos para a represália quando Júlio Monteiro Gomes, chamado às pressas, chegou a tempo de tranquilizá-los", informou o jornal *A Noite*.[10]

Desfeita a confusão, o teatro daria seguimento a suas atividades com a peça *Qual é o bochecho?*, na qual a assinatura de Max Nunes aparecia ao lado dos costumeiros colaboradores Boiteux Sobrinho e Alfredo Breda. A "xurupitosa" Lya Mara — o termo é do mesmo jornal *A Noite* —[11] fora alçada a primeira atriz, ao lado do ex-corista Nick Nicola, também promovido. Os dois, aliás, eram namorados e acabariam se casando em pleno palco, no dia 8 de setembro, com o batismo de Júlio Leiloeiro e a presença de quase todo o elenco da companhia.

Um mês depois entraria em cartaz *Garoto enxuto*, que marcou a estreia de Afonso Brandão como revistógrafo. Irmão de Brandão Filho, conhecido pela alcunha "O Popularíssimo" no teatro de revista dos anos 1910, Afonso era colega de Max Nunes na Rádio Tupi e, ao lado dele, se consagrou mais tarde como roteirista de programas de TV, como *O Planeta dos Homens* e *Viva o Gordo*.

A peça no Teatro Zaquia Jorge contava com Nick Nicola, a estrela portuguesa Saluquia Rentini e Joana d'Arc, a "vedete das curvas sensacionais", conforme a descrição do *Jornal do Commercio*.[12] Mas o destaque era mesmo o quadro final, no qual Joel de Almeida entrava em cena para cantar "Madureira chorou". Nesse momento, grande parte do público encarnava os versos do samba, chegando às lágrimas.

O TEATRO VIRA LOJA

Após a morte da mãe, Carlos Alberto foi criado por sua tia Leontina, irmã de Oswaldo. Fã de Elvis Presley, ele circulava de bonde pela cidade com os vinis do cantor debaixo do braço. Assumiu o teatro ao completar 18 anos e, recém-casado com Vera Lúcia Garcia Aragão, se mudou para o sobrado da

MEU SAMBA TRADUZ

travessa Almerinda Freitas. Muito jovens, os dois tinham uma filha ainda bebê, chamada Elizabeth.

Carlos Alberto acabou por tomar parte, involuntariamente, em um caso típico da crônica policial. No dia 14 de maio de 1960, um sábado, o investigador Tasso Barroso Braga prendeu Ari Pereira, apontador do jogo do bicho, próximo à esquina da travessa com a rua Carolina Machado. Ali havia um terreno baldio que se tornara ponto para a aposta no bicho e em corridas de cavalos. Como os vizinhos já conheciam Ari, a reação à sua detenção foi intensa. O contraventor tentou fugir e, durante a luta, o policial sacou a arma, disparando quatro tiros. Um deles alvejou Ari. Na confusão, sobraram pedras para o carro-patrulha e Carlos Alberto acabou atingido. "Com ferida contusa no occipitofrontal, foi medicado no Hospital Carlos Chagas", reportou o *Correio da Manhã*.[13]

O teatro funcionaria com alguma regularidade até 1962, quando Walter Pinto produziu o espetáculo *Caindo de touché*. A montagem era estrelada por Íris Bruzzi e Renato Aragão. Wilza Carla e Eloína Ferraz foram outras artistas que pisaram em seu palco nesse período. A partir daí, as atividades se tornaram claudicantes.

No fim de 1965, um novo elenco encenava a peça *Capitã do escrete*, cuja principal atração era a música de Ary Barroso, já sem receber o pagamento combinado. Viviam de vales, mas confiantes de que a situação seria resolvida. Só que o ano virou e Abrahão Jorge, que reassumira a gestão no lugar do pai de Carlos Alberto, alegou insolvência financeira. Simplesmente não havia dinheiro. Os 33 participantes da montagem então se reuniram e, na tentativa de manter ativo o espaço, fundaram a cooperativa União Artística. Liderado pelo ator e dramaturgo Francisco Moreno e pela atriz Conchita Mascarenhas, o grupo conseguiu promover um espetáculo, *De vagar eu chego lá*, mas a iniciativa em pouco tempo malograria.

Já maior de idade, Carlos Alberto vendeu o sobrado que recebera de herança e devolveu o imóvel do teatro aos proprietários. Entrou para a Polícia Civil, onde fez carreira, e se formou em Direito na Universidade Gama Filho, a fim de se tornar delegado. Não conseguiu. Separado de Vera Lúcia, casou-se mais duas vezes e teve outros dois filhos: Tatiana e o caçula, que recebeu seu nome.

Logo após se aposentar, abriu uma loja de carros usados em Nilópolis, onde morava. Também trabalhou com venda de autopeças. Em uma terça-feira do mês de agosto de 2015, saiu para buscar sua então companheira, Fátima Pimenta, na rua Cândido Viana, em Mesquita, quando se viu cercado por assaltantes. Tentou reagir e conseguiu acertar um dos criminosos com dois tiros de raspão, mas recebeu dois disparos no tórax. Levado ao Hospital Nossa Senhora de Fátima, em Nova Iguaçu, não resistiu. Tinha 72 anos.

Seu filho mais novo, o médico Carlos Alberto Jorge Rodriguez Júnior, conta que a sombra da morte de Zaquia se projetou por muitas décadas sobre o dia a dia da família, muitas vezes traduzida em pequenos gestos. "Meu pai sempre insistia para não tomarmos banho depois das refeições. Se a gente comesse, tinha que esperar uma hora antes de ir para o chuveiro",[14] diz, relacionando o veto à suspeita de congestão no dia do afogamento. A norma caseira vigorou desde sempre, como confirma a primogênita Elizabeth.

Após o fechamento do Teatro Zaquia Jorge, o imóvel da rua Carolina Machado não voltaria a receber plateias ávidas por um novo espetáculo. Abrigou, por um curto período, o curso pré-vestibular ADN e, depois, lojas das redes Casas Presidente, Insinuante e Ricardo Eletro. Desde 2015, no lugar onde Zaquia Jorge tanto brilhou, há uma filial da Ki-Lojão, empresa voltada ao comércio de brinquedos.

Epílogo:
Apoteose é o infinito

O dia amanhecia naquele 10 de fevereiro de 1975 quando o Império Serrano irrompeu na avenida Antônio Carlos, no centro do Rio. Como registrou o repórter Maurício Tavares no *Jornal do Brasil*, ao pisar no asfalto, já ultrapassadas as 5 horas da manhã, a verde e branca de Madureira "só fez arrepiar milhares de pessoas, que depois do desfile pularam para a pista e queriam seguir a escola".[1]

O horário tardio parecia ressoar o samba da agremiação. Iniciado com o anúncio de que "o Império deu o toque de alvorada", o hino logo em seguida saúda a personagem homenageada no enredo "A vedete dos subúrbios, Estrela de Madureira": a atriz Zaquia Jorge. "Seu samba a estrela despertou / A cidade está toda enfeitada / Pra ver a vedete que voltou", anunciava a letra escrita pelo compositor Avarese.

Zaquia morrera havia 18 anos. Estava praticamente esquecida pela cidade, como atestaria a revista *O Cruzeiro* em matéria sobre o desfile. Entre os moradores e comerciantes de Madureira, contudo, a lembrança se mantinha acesa. Seja por seu trabalho no teatro, seja pelo aspecto comportamental, a atriz havia se tornado uma lenda no bairro. Ainda era "a Pioneira", como ilustra o apelido conquistado graças aos modos de agir e se vestir.

Há uma alusão explícita a essa alcunha no samba-enredo que, embora derrotado na disputa interna do Império, virou sucesso na voz de Roberto Ribeiro. O cantor, que era o puxador oficial da agremiação, rompeu com a regra não escrita de que hinos vencidos nos concursos das escolas não deveriam ter registro fonográfico. Essa "norma" se relaciona com uma lógica segundo a qual, depois de escolhido, o samba precisa da unção de toda a comunidade, como se sofresse uma sacralização.

Mas no disco *Molejo*, de 1975, Ribeiro gravou a parceria de Acyr Pimentel e Ubirajara Cardoso, rebatizada com o título "Estrela de Madureira". Curiosamente, esse era o nome de uma loja que comercializava estatuetas de santos, caboclos e pretos-velhos, localizada na rua Carolina Machado, 458, bem perto do teatro de Zaquia. A viúva do cantor, Liette de Souza Maciel, lembra que Ribeiro precisou insistir para que a Odeon aceitasse a inclusão da música no álbum. "Falaram que não tinha sentido gravar um samba que perdeu, o Roberto gravou de teimoso", revela Liette.[2] A composição, com arranjo do maestro Lindolfo Gaya, entrou como terceira faixa do lado A.

Logo na primeira estrofe, o samba evoca o momento em que a artista sobe ao palco, como se uma peça de teatro fosse começar:

> *Brilhando um imenso cenário*
> *Num turbilhão de luz*
> *Surge a imagem daquela*
> *Que meu samba traduz*

É nesse palco que, sugere a letra, a estrela mostrará todo o seu fulgor. Ela caminha sobre um "chão de poesia" coberto por paetês — e aqui a conexão com o Carnaval se estabelece. Zaquia é então chamada de "vedete principal / no subúrbio da Central". E de pioneira, a tal referência à fama que angariou entre os moradores de Madureira e dos bairros próximos.

A conexão entre melodia e letra é precisa, e há uma escala descendente, como se as notas descessem, degrau por degrau, até a passagem para a terceira estrofe, quando o samba anuncia a saída do "trem de luxo" rumo à zona norte. A expressão assinala o título da peça que marcou a abertura do teatro de Zaquia e ressoa também a ideia de itinerário proposta na sinopse de Fernando Pinto. A menção ao trem desencadeará uma subida da escala melódica que, no instante da partida, irrompe em nova queda.

APOTEOSE É O INFINITO

É um percurso sinuoso, cheio de sutilezas, quase um prelúdio para a estrofe seguinte. Quatro versos que, com altíssima voltagem poética, tratarão do desaparecimento da vedete:

> *Mesmo com o palco apagado*
> *Apoteose é o infinito*
> *Continua estrela*
> *Brilhando no céu*

O nome da artista homenageada não aparece na canção. E há uma explicação para isso. No registro fonográfico, Roberto Ribeiro eliminou o refrão que originalmente fechava o samba-enredo e pouca gente conhece:

> *Vamos sair da tristeza*
> *Para entrar na alegria*
> *Tudo é Carnaval*
> *É o Império com Zaquia*

Autores do livro *Serra, Serrinha, Serrano: o império do samba*, os filólogos Rachel Valença e Suetônio Valença lembram que a disputa na escola transcorreu em clima de conflagração. Naquela época, as músicas eram entregues em fita cassete, com a letra impressa em uma folha de papel. Três composições estavam em jogo no dia da grande final. As duas favoritas eram a de Avarese e a da dupla Pimentel e Cardoso. O samba do trio Laerte Caetano, Zezinho e Almir Pica-Pau, que também citava a peça *Trem de luxo* ("Lá vem o trem / Com a corte imperial / O famoso trem de luxo / Dos subúrbios da central"), corria por fora.

"Os ânimos se exaltaram no salão do Clube de Regatas Boqueirão do Passeio, onde o Império ensaiava seguindo o modismo de as escolas levarem seus ensaios para o centro e a zona sul, a fim de conquistar público e fazer dinheiro",[3] conta Rachel — ela que depois passaria a integrar a Velha Guarda da agremiação. Essa tendência se somava a uma razão de ordem prática: a quadra da escola estava em obras para a construção de uma cobertura.

Na disputa derradeira, a composição da dupla Pimentel e Cardoso era a preferida da grande maioria dos torcedores. Sua derrota viria a gerar muita revolta no Boqueirão.

O clima pesado produziu cenas inusitadas, como a vivida pelo médico Carlos Alberto Machado. Torcedor do samba vice-campeão, ele flagrou Pimentel atrás do palco chorando copiosamente logo após o resultado. Foi quando chegou ao local uma equipe de reportagem do jornal *O Dia*. Machado abordou os repórteres. Ponderou que o compositor estava muito abalado e tivera o cuidado de se refugiar em espaço privado. Pediu, então, que respeitassem o drama íntimo e não registrassem a imagem. Foi ignorado. Ao ver o fotógrafo sentar o dedo na máquina, não hesitou: mandou-lhe a mão na cara.

"Nunca havia feito isso e nunca voltei a fazer. Mas o contexto era de nervos à flor da pele",[4] diz Machado, que durante mais de uma década dirigiu a comissão de frente e mais tarde se tornaria também membro da Velha Guarda do Império.

A derrotada composição de Cardoso e Pimentel continua a contar com defensores apaixonados. Lançada por Roberto Ribeiro, foi gravada por Beth Carvalho, Jamelão, Jorge Aragão, Wilson das Neves, Leci Brandão, Arlindo Cruz, Dudu Nobre, Dorina e Leandro Sapucahy, entre outros. Também integrou o repertório do show de artistas tão diferentes quanto Marquinhos de Oswaldo Cruz e Jane di Castro.

Quanto ao samba-enredo vencedor, embora assinado apenas por Avarese, tem um compositor oculto: Vicente Mattos. Coautor do hino que seria levado à avenida pelo Império no ano seguinte — *A lenda das sereias, rainhas ao mar* —, Mattos em várias ocasiões afirmou ser parceiro também no samba sobre Zaquia. Na escola, esse fato sempre foi visto com descrença, mas há uma entrevista em que o próprio Avarese admite a criação em dupla. A matéria foi publicada no jornal *O Dia* em dezembro de 1974 —[5] portanto, dois meses antes do desfile. Na reportagem, ele fala sobre a pouca frequência nos ensaios devido a problemas no coração e lamenta a reação dos demais compositores quanto à sua união com o recém-chegado Mattos, assumida sem reservas.

APOTEOSE É O INFINITO   139

* * *

Apesar de tanta discórdia, o samba campeão não fez feio na avenida. E basta uma rápida análise da sinopse do enredo para se verificar sua adequação ao desfile concebido por Fernando Pinto.

A letra saudava a alegria da vedete que povoou de sonhos a população do subúrbio, mencionava diretamente o trabalho de Zaquia nas revistas e propunha a transformação da avenida em um "teatro-passarela" onde ela poderia novamente resplandecer. Na sequência, vinha o refrão que, com andamento marcheado, mencionava diretamente a viagem de trem entre a Central e Madureira.

É um samba curto, animado, sem resquício de tristeza. Não à toa, o preferido do carnavalesco na disputa. Rachel Valença, que se tornara amiga de Fernando Pinto graças às caronas que ele lhe dava entre a zona sul e a quadra da escola, atesta que a predileção nunca foi segredo. "Eu e meu ex-marido Suetônio [Valença] inclusive nos tornamos defensores do samba do Avarese muito por influência do Fernando", relata.[6]

Infelizmente, o registro audiovisual do desempenho do Império em 1975 se limita a 30 segundos no telejornal *Brasil Hoje*, produzido pela Agência Nacional em fevereiro daquele ano. As imagens mostram trechos de cada agremiação do então primeiro grupo do Carnaval do Rio. É possível ver a profusão de estrelas prateadas — referência a Zaquia e também à estética da revista — e um tripé no qual se destaca a imagem do Maracanã. Sobre o conjunto, há um predomínio do verde e do amarelo. "Fernando acreditava que essas são as cores do teatro de revista, considerado por ele o legítimo teatro brasileiro", revela o engenheiro Paulo Rezende,[7] amigo que costumava ajudar o carnavalesco nos trabalhos do barracão e alguns anos mais tarde dirigiria, no próprio Império, a ala Fernando Pinto.

A gravação integral do Carnaval de 1975, feita pela TV Globo, se perdeu no incêndio que atingiu a sede da emissora no ano seguinte. Mas, por intermédio da sinopse do enredo e das reportagens e resenhas publicadas pela imprensa, é possível fazer um esboço do desfile. Fernando Pinto se valeu da trajetória da homenageada como fio condutor de uma viagem entre a Central do Brasil e Madureira, onde a atriz montou seu teatro. "Os figurinos, alegorias e adereços, para uma patente autenticidade, serão criados e confeccionados dentro de uma estilização procurando realçar as características dos usados na época das revistas de Zaquia Jorge. Em telões, forma também utilizada pelas revistas, serão retratados os subúrbios cariocas para maior envolvimento do tema",[8] informa a sinopse, que abdica do corte biográfico.

O carnavalesco emprega o termo "subúrbios" no plural, seguindo uma premissa defendida pelo escritor Lima Barreto ao longo de toda a sua obra. Lima chamava atenção para a singularidade dos bairros que compõem a zona norte e foi assim, na prática, que o desenvolvimento do enredo se efetivou. O roteiro desenhado por Fernando dividia-se em nove quadros — termo típico do teatro de revista — com as diferentes estações do "trem de luxo" que partiria da Central do Brasil. No primeiro, correspondente ao abre-alas, estava a própria Central, onde "vedetinhas embarcam num expresso suburbano".[9]

O segundo trazia as localidades de Lauro Müller (atual Praça da Bandeira) e São Cristóvão. Com seu célebre estádio e alusões aos jogos de futebol, o Maracanã era o protagonista no terceiro setor, onde despontava um grupo de passistas vestidas como jogadoras. O quarto mostrava a Mangueira a partir de uma reprodução do morro, demarcado por barracos e escadarias.

No quinto quadro, Fernando situava São Francisco Xavier, Rocha, Riachuelo, Sampaio, Engenho Novo e Silva Freire. O Méier respondia por uma unidade inteira, a de número seis. Curiosamente, o bairro era chamado de "capital dos subúrbios", expressão que muitas vezes foi usada para se referir a Madureira.

No setor sete, o roteiro lembrava o Engenho de Dentro, Todos os Santos, Encantado, Piedade, Quintino e Cascadura. O oitavo quadro estabelecia a tão esperada chegada ao "subúrbio onde Zaquia Jorge reina como estrela", conforme o registro do carnavalesco na sinopse.

APOTEOSE É O INFINITO

Encerrando o itinerário, vinha a seção destinada ao Teatro Madureira. Era um setor repleto de referências ao trabalho da artista nos palcos, com "lustres giratórios e figuras da *commedia dell'arte*". À frente do último carro alegórico, a frase em letras garrafais estampava a dimensão do mito: "Zaquia no céu dos subúrbios."[10]

Pela segunda vez, na história do Carnaval carioca, uma escola de samba do primeiro grupo exaltava a zona norte. A anterior ocorrera três anos antes, quando a Unidos de Padre Miguel homenageou justamente o bairro onde Zaquia criara seu teatro, com o enredo "Madureira, seu samba, sua história".

Em 1975, os barracões foram instalados no Pavilhão de São Cristóvão e o Império enfrentava dificuldades financeiras. A situação era tão dramática que o Carnaval precisou ser produzido em pouco menos de um mês. "Houve uma redução considerável nos carros alegóricos e a fantasia da Regina Célia, que representou Zaquia no desfile, foi confeccionada na casa do Fernando Pinto, sendo finalizada poucas horas antes de a escola entrar na avenida", reporta Paulo Rezende.[11]

Aos 25 anos de idade, Regina acumulava os títulos de "Mulata de Ouro" e "Rainha do Carnaval", e era passista do Império desde os 14. Ela confessa que nunca tinha ouvido falar na homenageada até receber o convite do carnavalesco. "Foi o Fernando quem me explicou tudo e me contou a história da Zaquia", diz.[12] Sua escolha tampouco se deveu a semelhanças físicas adequadas à personificação, o que os franceses chamam de *physique du rôle*. "Eu já havia cumprido uma trajetória dentro da escola e sambava muito bem. Além disso, tinha um corpo maravilhoso", afirma Regina, que é negra, diferentemente de Zaquia.

A passista veio no último carro, que representava o Teatro Madureira e dispunha de uma extensa escada, outro elemento característico das revistas. A alegoria destoava propositalmente do resto da escola por trazer o branco e o prateado no lugar da combinação do verde com o amarelo. As duas cores discrepantes estavam também na fantasia de Regina, que se limitava a uma peça — o biquíni interligado aos círculos de pano sobre os seios —, duas tiras em torno dos braços e o chapéu na forma de uma grande estrela.

Paulo Rezende diz que os diferentes setores do desfile seriam abertos por tripés na forma dos portões de ferro típicos dos casarões suburbanos, mas faltaram tempo e dinheiro para sua execução. Todo o trabalho de barracão foi realizado em apenas 21 dias.

O desempenho na avenida, porém, superou qualquer prognóstico mais cético. Como apontou o *Jornal do Brasil*, foi "praticamente perfeita" a passagem dos 2,5 mil componentes. "A escola mostrou o enredo mais original deste ano", afirmava a reportagem.[13] *O Globo* trazia apreciação um pouco distinta, embora também elogiosa. Reconhecendo a empolgação dos componentes e a "bateria impecável", o jornalista Sérgio Noronha fez ressalvas quanto à questão plástica. Segundo ele, a agremiação "pecou na falta de imaginação de seus carros, sempre muito iguais, embora os cariocas saibam que iguais são as estações dos subúrbios da Central por onde Zaquia Jorge levou seu teatro".[14]

Apesar dos reparos, o matutino apontou o Império Serrano entre as escolas que brigavam pelo título. O *Jornal do Brasil*, a *Tribuna da Imprensa* e a revista *O Cruzeiro* subscreviam o favoritismo. Mas os jurados preferiram o desfile da Acadêmicos do Salgueiro, que conquistou o campeonato com o enredo "O segredo das minas do rei Salomão", totalizando 108 pontos. A Estação Primeira de Mangueira foi a vice, com "Imagens poéticas de Jorge de Lima" (106 pontos), e coube ao Império, no desempate por quesito, o terceiro lugar.

Viria, porém, de outra revista, a *Manchete*, a síntese mais precisa do trabalho realizado por Fernando Pinto em 1975: "O Império Serrano compôs uma espécie de sinfonia suburbana."[15] As críticas pontuais às opções estéticas do carnavalesco, frisava a publicação, não macularam a empatia do componente com o enredo, percebida desde o primeiro momento. "Quando o Fernando apresentou a logomarca e disse que seria uma homenagem à Zaquia Jorge, sentimos um clima de emoção. Comentamos que a identificação com a vedete tinha sido maior do que a com Carmen Miranda",[16] lembra Paulo Rezende, que acompanhou o carnavalesco na

APOTEOSE É O INFINITO 143

ida à quadra para revelar o tema do desfile. "Zaquia era um símbolo de Madureira e extremamente querida por todos. Ao conversar com os compositores, ele deixou claro também que queria um enredo alegre como o teatro de revista. Por isso, não gostaria que o samba mencionasse o sucesso 'Madureira chorou', cuja letra tinha um tom de lamento."

Alguns dos autores concorrentes insistiram em evocar "Madureira chorou". Foi o caso do trio Wilson Diabo, Malaquias e Carlinhos, autores dos sambas vencedores em 1973 e 1974, com os enredos "Viagem encantada Pindorama adentro" e "Dona Santa, rainha do Maracatu", respectivamente. A obra apresentada para concorrer em 1975 trazia os versos "Madureira chorou / Madureira chorou, . . . / Madureira chorou um dia / Ao se despedir de Zaquia". Caiu ainda nas fases eliminatórias.

O acerto na escolha do samba de Avarese se evidenciou na intensidade do canto, constante ao longo de todo o desfile. O carro de som foi comandado por Roberto Ribeiro, que, embora partidário do hino derrotado, levou à avenida uma interpretação vibrante. Os versos "Neste teatro-passarela / Ela resplandece novamente" preparavam o refrão, cuja referência eram os garotos que vendiam doces dentro do trem: "Baleiro, bala / Grita o menino assim / Da Central a Madureira / É pregão até o fim." Eles vinham representados na ala das crianças, cujos componentes distribuíam doces aos espectadores. A divisão infantil fazia sua estreia no Império[17] e, em razão disso, ficaria desde então conhecida como ala Baleiro Bala.

A escola conquistou dois Estandartes de Ouro, prêmio conferido pelo jornal *O Globo*: o de Comunicação com o Público e o de Mestre-Sala, para Sérgio Jamelão. Ao dançar com a porta-bandeira Alice dos Santos, Jamelão trazia na memória os dias em que trabalhou no teatro da homenageada. Foi em 1962, cinco anos após a morte de Zaquia. Ele entrava sozinho no palco para desempenhar o papel de um sambista. A peça era *Caindo de touché*. "Eu aparecia na frente da plateia e dava meus passos e umas cambalhotas. Tinha até quem reclamasse, falando que sambista não dá cambalhota. Mas vai encarar aquela *cortinona*...", relembra.[18]

CÉU SUBURBANO

Até os anos 1970, quando os carnavalescos passaram ao primeiro plano dentro do organograma das escolas, a relação entre o tema e o samba-enredo da escola não era tão orgânica. A emergência de artistas como Fernando Pamplona e Joãosinho Trinta resultou em uma relativa perda de poder dos diretores de Harmonia, antes responsáveis por grande parte do trabalho de concepção do desfile. O carnavalesco tornou-se, então, a pessoa responsável pela elaboração da sinopse e pela definição dos elementos narrativos, buscando uma integração cada vez maior entre eles e ganhando peso substancial, inclusive na escolha do samba.

Fernando Pinto integra essa geração revolucionária. À frente do Império desde 1971 e tendo conquistado o campeonato já no segundo ano, com o enredo sobre Carmen Miranda, ele levou para a escola algumas de suas obsessões artísticas. Se na homenagem a Carmen a agremiação de Madureira cruzara a avenida emulando a projeção de um filme — eram várias as alusões à linguagem pop do cinema —, no desfile sobre Zaquia o carnavalesco investiu não só nas cores, mas também na ornamentação típica do teatro de revista.

Essa audaciosa proposta esbarrou na incompreensão de parte dos jurados do desfile — e não só quanto à questão plástica. Avaliador do quesito enredo, o historiador Vicente Tapajós tirou um ponto inteiro do Império Serrano. O tópico desenvolvido pela escola, segundo ele, era "magnífico". "Mas sua personagem central — a atriz Zaquia Jorge — não tem amplitude nacional", afirmou, para justificar a penalização.[19]

Em reação à crítica, o presidente do Império, Irani Santos Ferreira, anunciaria: "'Disneylândia em Madureira' vai ser o nosso enredo do ano que vem."[20] A irônica resposta era também uma agulhada na temática adotada por Joãosinho Trinta no campeão Salgueiro. Naquela época, como resquício da Guerra Fria, o regulamento dos desfiles estabelecia a obrigatoriedade da adoção de assuntos de interesse nacional.

Em rápido registro feito em sua coluna no suplemento Rio Show, de *O Globo*, o jornalista Nelson Motta sinalizara, antes mesmo do desfile,

APOTEOSE É O INFINITO 145

para o "escândalo" que viria. "O altamente criativo Fernando Pinto bolou todos os figurinos e alegorias exatamente dentro da temática 'Zaquia Jorge, a vedete dos subúrbios', ou seja, assumindo totalmente o maravilhoso mau gosto e a doce cafonice que envolvem o tema",[21] observou, para então acrescentar: "Vai ter muito nego achando as roupas cafonas, mas você que está lendo não marque a louca: é pra ser cafona mesmo."

O carnavalesco se manteve fiel a essa premissa ao destacar o teatro de revista, que no Brasil ganhou feições tão próprias. Foi significativa sua opção por reverenciar uma dramaturgia considerada menos nobre. Embora tenha sido muito popular, o gênero se encontrava em franca decadência nos anos 1970, nocauteado pela popularização da TV.

Também chama a atenção a homenagem a uma vedete, a quem o status de atriz costumava ser negado. A escolha dos desvalorizados subúrbios cariocas se integrava à perspectiva de iluminar os espaços, os personagens e uma cultura frequentemente colocados à margem da "sofisticação" e do "bom gosto".

Quando decide realçar, na homenagem a Zaquia, o trajeto da linha do trem entre a Central e Madureira, Fernando Pinto se conecta à noção do subúrbio carioca como espaço intimamente ligado à via férrea. E promove uma colisão com o sentido negativo do termo ao louvar dois traços que costumam escapar ao imaginário. O primeiro deles estava expresso na divisão do desfile, com a distinção da especificidade dos bairros, de suas marcas locais.

O segundo prisma se relacionava à abordagem. Do mesmo modo com que alçava o desprestigiado teatro de revista a um lugar de realce, ele refez os caminhos na direção dos subúrbios como uma afirmação de identidade. Na festa de inversões que é o Carnaval, o espaço social e simbolicamente desprivilegiado subiu ao palco principal, captou a atenção, ganhou os holofotes.

A viagem proposta pelo artista e encenada pela escola redesenhou um itinerário histórico, a rota formativa do subúrbio carioca e do próprio gênero do samba, que também partiu da região central da cidade para se espraiar rumo à zona norte. O enfoque, porém, não era o do historiador. Foi como cronista que Fernando Pinto releu e comentou esse percurso. E foi igualmente como cronista que procurou, nas frestas do conceito cristalizado, entrever ângulos peculiares, muitas vezes invisíveis aos olhos da rotina.

Essa concepção reflete a própria trajetória de Zaquia. Ao chegar à capital do país, egressa do interior do estado, ela vergou a linha de destino traçada para uma mulher de sua época. Desquitou-se ainda bem jovem, foi trabalhar no teatro e no cinema, virou empresária. Sempre se manteve afinada a gêneros costumeiramente desvalorizados, tidos como *menores* pela crítica cultural. Primeiro, o teatro de revista. Depois, a chanchada. Ao enfim abrir seu próprio teatro, escolheu um bairro deslocado do núcleo ilustre da cidade.

O tributo prestado pelo Império Serrano foi uma das raras invocações a ela após o impacto de sua morte no auge da carreira. Em 1984, Zaquia seria lembrada em uma peça escrita e dirigida pelos dramaturgos Ronaldo Grivet e José Maria Rodrigues: *A vedete do subúrbio*, que passou por teatros cariocas como o Rival e o Brigitte Blair e ganharia uma remontagem em 1992, com Gina Teixeira novamente no papel principal. O espetáculo narrava a história de um jovem que desembarca no Rio de Janeiro à procura da artista. O rapaz herdara de seu tio a admiração por Zaquia e ignora que ela já havia falecido. Então encontra uma ex-vedete, que vai lhe contar a história da atriz e empresária. O teatro de revista era reverenciado em vários números musicais.

Zaquia virou também logradouro, mas não em Madureira. Logo após o afogamento, houve tentativas da prefeitura e da Câmara do Distrito Federal em dar seu nome a uma das vias do bairro. A primeira foi do prefeito Negrão de Lima, que anunciou em junho de 1957 a intenção de rebatizar a rua Carolina Machado. A ideia suscitou protestos. Os opositores exultavam a eminência de Carolina, confundindo a esposa de Machado de Assis com uma antiga moradora local, sua homônima e real homenageada.[22] Conseguiram frear a iniciativa. Já o Projeto de Lei nº 570-A, que intencionava renomear 125 logradouros, seria vetado em 1959 pelo prefeito José Joaquim de Sá Freire Alvim, sucessor de Negrão de Lima, sob o argumento de colidir com a legislação em vigor, além de causar transtornos burocráticos aos residentes.

APOTEOSE É O INFINITO

A rua Zaquia Jorge foi criada três anos depois, no lugar da antiga rua Paratintins, por meio do Decreto n° 15.170, de 7 de março de 1960. Fica na Ilha do Governador e acabou por emprestar nome à favela que se formou na área. A atriz batiza desde 2016 também o teatro a céu aberto do Parque Madureira, próximo à estação ferroviária de Honório Gurgel. São reminiscências esparsas, que pouco se conectam com sua história.

Ao longo dos breves 33 anos de existência, Zaquia trabalhou no centro, em Copacabana, Ipanema e Madureira, onde encontrou a si mesma. Apesar da relativa invisibilidade, mantém entre a população mais idosa, sobretudo a que morou ou mora no subúrbio, a dimensão de mito. Sua imagem, fixada no rosto jovem e altivo pela morte precoce, parece ter sobrevivido ao tempo. Mas as músicas que a homenageiam, e continuam a ser cantadas ao longo do país, já não costumam ser a ela relacionadas. Talvez porque não haja, nas letras, menção ao seu nome. A própria família tem poucas reminiscências: não há fotos de Zaquia na infância ou na adolescência, e as informações que guardam se limitam ao perfil público.

Em curto obituário publicado no *Correio da Manhã* dois dias após o falecimento da atriz, o crítico Paschoal Carlos Magno conta que ao sair do velório passou a ruminar certa passagem do livro *Itinerário de Pasárgada*. Trata-se do trecho em que Manuel Bandeira cita seu colega Mário de Andrade. Diz o poeta que, não acreditando ser um grande criador, "desses que permanecem vivos depois da morte",[23] Mário se sacrificara para aspirar ao papel de suscitar inquietações, agenciar movimentos.

Magno então lembra Zaquia: "Era bonita. Tinha talento. E o companheiro lhe dera fortuna. Mas não acreditou que tivesse real talento. Fora melhor amparar o dos outros. Fora melhor criar seu teatro para que servisse, além de celeiro de vocações, de alegria para o povo mais esquecido, o povo dos subúrbios."[24] A esse propósito, ela destinou toda a energia e o dinheiro que tinha. Devotou sua vida.

"Outra vez se abre o pano / Pra todo o céu suburbano / Ver sua estrela brilhar", cantou o Império Serrano em 1975. Se os subúrbios são muitos, para além da linha férrea há o céu que os une. Foi lá que Zaquia Jorge um dia reluziu como alegoria de força, ousadia, representatividade.

Agradecimentos

Ao longo dos cinco anos de pesquisas que resultaram neste livro, recebi a ajuda de muitas pessoas. Todas, em alguma medida, foram fundamentais para a reconstituição da trajetória de Zaquia Jorge.

Obrigado aos amigos Daniela Name, Fernando Molica, Henrique Rodrigues, Hugo Sukman, Luiz Antonio Simas, Mateus Baldi e Pedro Paulo Malta, que leram em primeira mão os originais, colaborando com sugestões que certamente contribuíram para aperfeiçoar o texto final.

Agradeço também a meu orientador, Bernardo Buarque de Hollanda, aos membros da banca, João Marcelo Ehlert Maia e o já mencionado Simas, além dos professores do Centro de Pesquisa e Documentação de História Contemporânea do Brasil (CPDOC) da Fundação Getulio Vargas (FGV), que deram uma contribuição fundamental por intermédio das disciplinas do mestrado profissional cujo objeto foi a elaboração da biografia.

Minha gratidão se estende à Record, que abraçou o projeto em diferentes etapas, desde a gestão de Carlos Andreazza, passando pela de Rodrigo Lacerda até a atual, de Lucas Telles. Esse agradecimento abarca também Duda Costa, Thaís Lima, Nathalia Necchy, Júlia Moreira e Sara Ramos, que integram a equipe da editora; e minha agente, Marianna Teixeira Soares.

Obrigado a Breno Bottino, Carolina Sena, Glória Maria Silva, Joelma Ismael, Leandro Polegário e Sara Vicarone, servidores da Fundação Nacional de Artes (Funarte), que empreenderam todos os esforços para que eu pudesse ter acesso ao acervo da entidade, lamentavelmente negligenciado por tantos anos pela administração pública.

O agradecimento se estende a Daniel Marano e Luís Francisco Wasilewski, diligentes pesquisadores do teatro brasileiro, cuja ajuda foi fundamental. A Carlos Alberto Jorge Rodriguez Júnior, Elizabeth Rodriguez Soares, Natália Rodriguez, Thiago Passos e Zaquia Nunes, familiares de Zaquia Jorge que, generosamente, aceitaram colaborar e me propiciaram longas conversas, além da cessão de imagens.

Por fim, mas não menos importante, agradeço àqueles que cooperaram, fosse por meio de entrevistas, da escuta interessada, da consulta às mais diferentes bases de dados, de orientação técnica, da indicação de fontes ou de sua intermediação. Todos estão devidamente nominados, em ordem alfabética, a seguir:

Adriana Negreiros, Alberto de Oliveira, Alberto Mussa, Alice Gonzaga, Amauri Martins Gomes, Ana Rosa Tendler, Anderson Baltar, Bernardo Pilotto, Bia Braune, Carlos Alberto Machado, Carmem Verônica, Claudio Renato Ferreira da Silva, Colégio Maria Raythe, Conrado Werneck Pimentel, Cristina Agostinho, Daniel Filho, Daniel Schenker, Daniela Pereira de Carvalho, David Massena, Débora Monteiro, Diego Vaz, Diogo Cunha, Elisa Caiaffa, Eloína Ferraz, Emerson Pereira, Fabrício Cruz, Fátima Pimenta, Filomena Chiaradia, Flávio França, Flávio Moutinho, Francisco Bosco, Gabriela Áster, Graça Lago, GRES Império Serrano, Hernani Heffner, Hortência Cerbino Madeira, João Marcelo Ehlert Maia, Jorginho do Império, José Dias, Juliana Caetano, Laís Almeida, Leonardo Antan, Leonardo Lessa, Leonardo Lichote, Liette de Souza Maciel, Lilian Moutinho, Lira Neto, Luís Filipe de Lima, Lya Mara, Marcos Nascimento, Maria de Fátima Batista Araújo, Maria do Rosário Caetano, Maria Lucia Cerbino Bandeira, Mariana Filgueiras, Mary Ferreira Lopes de Simone, Maurício Barros de Castro, Meg Costa, Monica Marraccini, Monica Nicola, Natara Ney, Nataraj Trinta Cardozo, Nei Lopes, Neyde Veneziano, Paulo Mendonça, Paulo Rezende, Pretinho da Serrinha, Rachel Valença, Rafael Mattoso, Regina Célia, Ricardo Cota, Roberta Martins, Rodolfo Marques (*in memoriam*), Rodrigo Pereira, Rodrigo Zaidan, Rommel Cardozo, Ronaldo Grivet, Ruy Castro, Sandra Sandré, Sérgio Augusto, Sérgio Jamelão, Sergio Santos, Talíria Petrone, Tânia Brandão, Tathyanna Maria Monteiro, Túlio Feliciano, Victor Marques, Vitor Thurler, Viviane Fonseca, Yáskara Camila Vandoni e Willian Seixas.

Notas

Capítulo 1: Palco apagado

1. Não se tratava do Costinha mais famoso. Este, também humorista, se chamava Lírio Mário da Costa (1923-1995).
2. Depoimento a Ronaldo Grivet, 1980.
3. *Luta Democrática*, 23 abr. 1957, p. 2.
4. Idem, ibidem.
5. *Luta Democrática*, 23 abr. 1957, p. 2.
6. Idem, ibidem.
7. *O Globo*, 23 abr. 1957, p. 15.
8. Brasil, Rio de Janeiro, Registro Civil, 1829-2012. Disponível em: <https://www.familysearch.org/ark:/61903/1:1:77HS-433Z>. Acesso em: 13 dez. 2022.
9. *Correio da Manhã*, 24 abr. 1957, p. 15.
10. *Luta Democrática*, 24 abr. 1957, p. 4.
11. *Última Hora*, 23 abr. 1957, p. 1.
12. *Correio da Manhã*, 24 abr. 1957, p. 15.
13. *Escândalo*, Edição Extra, outubro de 1957, p. 48.
14. *Escândalo*, Edição Extra, outubro de 1957, p. 12.
15. *Escândalo*, Edição Extra, outubro de 1957, p. 7.
16. Idem, ibidem.
17. *Escândalo*, número 58, janeiro de 1958, p. 3.
18. *Escândalo*, número 61, maio de 1958, p. 9.
19. *Última Hora*, 30 abr. 1958, p. 7.
20. *Diário da Noite*, 2 maio 1957, p. 1.

Capítulo 2: Imenso cenário

1. BERCITO, 2021, p. 51.
2. Idem, ibidem, p. 54.
3. BERCITO, 2021, p. 53.

4. O nome de Etelvina aparece de forma distinta em, pelo menos, quatro documentos. "Etelvina Francisca dos Santos" (na certidão de nascimento de Jamile Jorge), "Etelvina Arcelina dos Santos" (na certidão de nascimento de José Jorge) e "Etelvina Orcelina dos Santos" (na certidão de casamento com Jorge Abrão e na certidão de nascimento de Marco Aurélio, filho de Jamile). A neta Zaquia Nunes diz que nunca soube qual era, verdadeiramente, o sobrenome da avó.

5. As datas de nascimento de Zaquia variam em diferentes documentos. Na certidão de nascimento, por exemplo, consta o dia 6 de janeiro de 1927. Na de casamento, 17 de janeiro de 1924. E a ficha profissional de artista indica 6 de janeiro de 1925. Finalmente, o atestado de óbito, de 1957, diz que ela morreu com 31 anos (teria, assim, nascido em 1926). Optamos pela data que ela, Zaquia, informava.

6. Portal da Câmara dos Deputados. Disponível em: <https://www2.camara.leg.br/atividade-legislativa/plenario/discursos/escrevendohistoria/visitantes/panorama--das-decadas/decada-de-40>. Acesso em: 21 mar. 2023.

7. A declaração foi dada pelo próprio Carlos Alberto em depoimento ao ator Daniel Marano, que fez a pesquisa do verbete sobre Zaquia para o livro *As grandes vedetes do Brasil*, de Neyde Veneziano.

8. *A Noite*, Segundo Caderno, 24 abr. 1957, p. 3.

9. *Última Hora*, 2 maio 1957, p. 5.

10. PAIVA, 1981, p. 166.

11. Apud RUIZ, 1998, p. 42.

12. TINHORÃO, 1972, p. 13 e 109.

13. SEVCENKO, 2003, p. 52.

14. VENEZIANO, 1996, p. 48.

15. Somente em 1932 o Carnaval do Rio de Janeiro foi oficializado pelo governo, mediante decreto assinado pelo então interventor federal Rodrigues Alves, que dispunha sobre a "temporada de turismo" (*Jornal do Brasil*, 9 abr. 1932, p. 16). Já o primeiro Rei Momo seria oficialmente eleito apenas em 1968, após lei estadual que regulamentou o concurso. Antes disso, em 1910, o ator Benjamin de Oliveira havia personificado o tipo em número do Circo Spinelli, montado no bairro de São Cristóvão. Outros reis Momo surgiram nos anos seguintes, também de forma extraoficial, por meio de concursos do jornal *A Noite*.

16. VENEZIANO, 1996, p. 53.

17. Na primeira revista considerada "carnavalesca" — *O boulevard da imprensa*, de Raul Pederneiras —, as três sociedades carnavalescas já eram mencionadas. A peça estreou no dia 2 de abril de 1888, no Teatro Recreio.

18. CASTRO, 2019, p. 206.

19. PRADO, 2019, p. 22.

20. Idem, ibidem, p. 22.

21. *Jornal do Brasil*, 27 mar. 1925, p. 7.

22. NUNES, 1956, p. 59 e 60.

NOTAS

23. In DEPOIMENTOS III, 1977, p. 171.
24. PINTO, 1975.
25. Idem, ibidem.
26. In DEPOIMENTOS III, 1977, p. 122.
27. RÚBIA, 1972.
28. AMARAL, 1994, p. 90.
29. *Jornal do Brasil*, 13 jun. 1944, p. 14.
30. *A Noite*, 15 jun. 1944, p. 6.
31. AMARAL, 1994, p. 76.
32. *Correio da Manhã*, 22 abr. 1945, p. 22.
33. PEIXOTO; BÔSCOLI; ORLANDO, 1945, p. 23.
34. PAIVA, 1991, p. 510.
35. In AUGUSTO, 2001, p. 15.
36. *O Jornal*, 4 maio 1946, Segunda Seção, p. 3.
37. In ASSIS, 2005, p. 101.
38. VASCONCELLOS, 2015, p. 113.
39. BARROS, 1978, p. 151.
40. Pseudônimo de Dorival Silva.
41. *O Globo*, 26 abr. 1946, p. 5.
42. Idem, ibidem.
43. *Correio da Manhã*, 22 mar. 1947, p. 11.
44. *Correio da Manhã*, 17 maio 1947, p. 9.
45. *Cine Repórter*, 22 out. 1949, p. 5.
46. O título do filme aparece em jornais e também no livro *50 anos de Cinédia* — de Alice Gonzaga, filha de Adhemar — grafado como *Aguenta firme, Izidoro*. Optamos, aqui, pela forma utilizada majoritariamente pelas reportagens e críticas, assim como os anúncios da época.
47. Termo usado, à época, como sinônimo de "cantor".
48. A descrição e os diálogos da cena foram retirados do roteiro do filme, que integra o acervo da Cinédia.
49. BARROS, 1978, p. 162.
50. *Diário Carioca*, 12 nov. 1949, p. 6.

Capítulo 3: Turbilhão de luz

1. ENDERS, 2008, p. 260 e 261.
2. O'DONNEL, 2013, p. 226.
3. BRASIL, 1946, s/p.
4. *A Noite*, 17 nov. 1949, p. 6.
5. *A Manhã*, 12 nov. 1950, p. 5.
6. *O Cruzeiro*, 21 jan. 1950, p. 37.

7. *Carioca*, 9 mar. 1950, p. 61.
8. Idem, ibidem.
9. *O Cruzeiro*, 1º abr. 1950, p. 37.
10. *O Cruzeiro*, 22 abr. 1950, p. 39.
11. Idem, ibidem.
12. *Jornal dos Sports*, 14 abr. 1950, p. 2.
13. *Carioca*, 6 abr. 1950, p. 1, 4 e 5.
14. Idem, p. 5.
15. Miguel foi o nome adotado por ele, que se chamava Michele e era italiano, ao se mudar para o Brasil.
16. O título do filme também aparece grafado, em matérias na imprensa, como *A serra da aventura*. A opção foi pela forma como seu autor utilizou no romance que deu origem à película: *Serra da aventura*, sem o artigo.
17. MARRACCINI, 1950, p. 22.
18. Idem, ibidem.
19. Idem, ibidem, p. 23.
20. Os lobby cards eram fotografias, geralmente impressas em papel de alta gramatura, que serviam como material de divulgação dos filmes.
21. MARRACCINI, 1950, p. 183.
22. PEREIRA, 2023.
23. Idem, ibidem.
24. Idem, ibidem.
25. *Diário da Noite*, 8 abr. 1952, p. 14.
26. A radionovela *O direito de nascer*, transmitida pela Rádio Nacional, foi um fenômeno de audiência em 1951. Mais tarde, ganharia versão televisiva, com o mesmo sucesso, na TV Tupi.
27. Idem, ibidem.
28. Idem, ibidem.
29. Idem, ibidem.
30. Aqui, ele menciona o pai, mas trata-se do tio.
31. *O Jornal*, 5 abr. 1952, p. 7.
32. *A Scena Muda*, 14 fev. 1952, p. 13.
33. *A Scena Muda*, 17 abr. 1952, p. 26.
34. Idem, ibidem.
35. *O Cruzeiro*, 25 fev. 1950, p. 54.
36. *O Cruzeiro*, 4 mar. 1950, p. 98.
37. AMARAL, 1994, p. 103.
38. *Jornal do Brasil*, 31 fev. 1958, p. 8.
39. *Carioca*, 22 mar. 1951, p. 8.
40. Idem, p. 9.
41. *O Cruzeiro*, 27 abr. 1951, p. 49.

NOTAS

42. Idem, ibidem.
43. *Rio Magazine*, outubro/novembro de 1951, p. 127.
44. Idem, ibidem.
45. *A Noite*, 2 abr. 1951, p. 6.
46. Idem, ibidem.
47. *Diário de Notícias*, 20 jun. 1951, p. 8.
48. *O Globo*, 22 ago. 1951, p. 7.
49. Idem, ibidem.
50. *O Dia*, 19 ago. 1951, p. 4.
51. *O Cruzeiro*, 8 set. 1951, p. 4.
52. Idem, ibidem.
53. *Tribuna da Imprensa*, 26 out. 1951, p. 7.
54. *O Globo*, 30 out. 1951, p. 6.
55. Idem, ibidem.
56. *O Jornal*, 23 out. 1951, p. 7.
57. *Jornal do Commercio*, 27 out. 1951, p. 9.
58. Idem, ibidem.
59. *O Globo*, 30 out. 1951, p. 6.
60. Acervo Funarte.
61. *Jornal do Commercio*, 16 out. 1951, p. 13.
62. In KHOURY, 1983, p. 166.
63. Idem, ibidem.
64. *A Manhã*, 15 jul. 1951, p. 8 e 9.

Capítulo 4: Um trem de luxo parte

1. LOPES, 2001, p. 115.
2. O termo "poeira" era usado para designar os cinemas que tinham estrutura mais modesta se comparada à dos chamados "palácios". Em geral, os poeiras projetavam filmes de menor investimento.
3. *Subúrbios em Revista*, novembro de 1951, p. 19.
4. *A Noite*, 26 jun. 1951, p. 6.
5. Acervo Funarte.
6. Idem, ibidem.
7. *A Noite*, 14 nov. 1951, p. 6.
8. *A Noite*, 14 nov. 1951, p. 9.
9. Idem, ibidem.
10. Idem, ibidem.
11. *Correio da Manhã*, 20 nov. 1951, p. 9.
12. *A Noite*, 21 dez. 1951, p. 7.
13. Idem, ibidem.

14. *Jornal do Commercio*, 24 e 25 dez. 1951, p. 6.
15. Idem, ibidem.
16. Acervo Funarte.
17. *Jornal dos Sports*, 6 maio 1952, p. 4.
18. Idem, ibidem.
19. Idem, ibidem.
20. *A Noite*, 7 maio 1952, p. 6.
21. Idem, ibidem.
22. *A Manhã*, 5 maio 1952, p. 5.
23. *Revista do Rádio*, 10 jun. 1952, p. 48.
24. *O Jornal*, 16 ago. 1970, Segundo Caderno, p. 5.
25. AÍDA, 1980.
26. In AMARAL, 1994, p. 103.
27. VERÔNICA, 2017.
28. Depoimento ao autor, em 29 jun. 2023.
29. FERRAZ, 2022.
30. *Jornal do Commercio*, 16 e 17 jun. 1952, p. 8.
31. Idem, ibidem.
32. *A Noite*, 29 nov. 1952, p. 6.
33. *Subúrbios em Revista*, junho de 1952, p. 12 a 14.
34. Idem, ibidem.
35. *Última Hora*, 3 maio 1957, p. 5.
36. BREDA, 1952, p. 2.
37. Idem, ibidem, p. 4.
38. Idem, ibidem, p. 4.
39. Idem, ibidem, p. 5.
40. *O Cruzeiro*, 9 ago. 1952, p. 19.
41. *O Cruzeiro*, 30 ago. 1952, p. 30.
42. *Tribuna da Imprensa*, 29 jul. 1952, p. 8.
43. BREDA, 1952, p. 31.
44. In AGOSTINHO, 2017, p. 131.
45. BREDA; MARCHELLI, 1952, p. 2.
46. Idem, p. 4.
47. Idem, p. 5.
48. Idem, p. 5 e 6.
49. Idem, p. 6.
50. Idem, p. 7.
51. *A Noite*, 6 nov. 1952, p. 6.
52. *A Noite*, 6 nov. 1952, p. 6.
53. *O Jornal*, 11 dez. 1952, p. 1.
54. *O Dia*, 14 dez. 1952, p. 9.

NOTAS

55. BREDA, 1953, p. 3 e 4.
56. Idem, ibidem, p. 9.
57. Idem, ibidem, p. 9.
58. *Última Hora*, 12 maio 1953, p. 3.
59. Idem, ibidem.
60. *A Noite*, 24 out. 1953, p. 6.
61. Acervo Funarte.
62. Idem, ibidem.
63. Idem, ibidem.
64. *Revista da Semana*, 16 jan. 1954, p. 46 a 49.
65. Idem, ibidem.
66. *Jornal dos Sports*, 6 maio 1953, p. 2.
67. BÔSCOLI; JÉRCOLIS, 1953, p. 3.
68. Idem, ibidem, p. 6.
69. Idem, ibidem, p. 10.
70. Na cópia do roteiro de *Banana não tem caroço*, guardada no acervo da Sociedade Brasileira de Autores Teatrais (SBAT), consta apenas a assinatura de Alfredo Breda. Mas a peça foi amplamente divulgada nos jornais da época como sendo de Breda e Zaquia, sem qualquer objeção do dramaturgo. Daí a decisão de qualificá-la, aqui, como um trabalho a quatro mãos.
71. BREDA, 1953, p. 4.
72. JÚNIOR; PINTO, 1953, p. 2.
73. Em homenagem ao benfeitor, o estádio do Madureira, inaugurado em 8 de junho de 1941 na rua Conselheiro Galvão, passou a ter seu nome.
74. *Subúrbios em Revista*, junho de 1954, p. 7.
75. *Tribuna da Imprensa*, 9 set. 1955, p. 8.
76. *Subúrbios em Revista*, maio de 1954, p. 3.
77. Depoimento ao autor, em 29 jun. 2023.
78. NUNES; MAIA, p. 13.
79. *Jornal do Commercio*, 20 nov. 1954, p. 9.
80. *Diário da Noite*, 16 set. 1954, p. 17.
81. MARCHELLI; JORGE, 1955, p. 1.
82. Idem, ibidem, p. 1.
83. Idem, ibidem, p. 32.
84. Idem, ibidem, p. 34.
85. MARCHELLI; JORGE, 1955, p. 1.
86. Idem, ibidem, p. 3.
87. *Manchete*, 2 jul. 1955, p. 6.
88. *Última Hora*, 7 jan. 1956, Segundo Caderno, p. 2.
89. Depoimento a Ronaldo Grivet, 1980.
90. In *Madureira & Oswaldo Cruz*, p. 7 e 8.

91. In JOST/COHN, 2008, p. 221.
92. Depoimento ao autor, em 29 jun. 2023.
93. Depoimento ao autor, em 27 mar. 2023.
94. FERREIRA; COSTA, 1955, p. 3.
95. Idem, ibidem, p. 4
96. BREDA; ZAQUIA, 1955, p. 2.
97. *Diário de Notícias*, 26 out. 1955, p. 8.
98. Idem, ibidem.
99. *Luta Democrática*, 12 jan. 1956, p. 4.
100. NUNES, 1956, p. 4.
101. *A Noite*, Segundo Caderno, 18 abr. 1956, p. 3.
102. Idem, ibidem.
103. *A Noite*, Segundo Caderno, 11 ago. 1956, p. 3.
104. *Correio da Manhã*, 6 jun. 1954, p. 11.
105. Idem, ibidem.
106. *Diário da Noite*, 26 abr. 1957, p. 6.
107. *O Cruzeiro*, 18 maio 1957, p. 17.
108. SOBRINHO; JORGE, 1956, p. 7.
109. SOBRINHO; JORGE, 1956, p. 10.
110. *A Noite*, Segundo Caderno, 9 fev. 1957, p. 3.
111. *Última Hora*, 4 abr. 1957, p. 4.
112. In SCHVARZMAN, 2008, p. 141
113. In AMARAL, 1994, p. 106.
114. *Tribuna da Imprensa*, 29 nov. 1957, p. 7.
115. Idem, ibidem.
116. *Última Hora*, 29 nov. 1957, p. 4.
117. *Jornal dos Sports*, 24 abr. 1957, p. 2.
118. Idem, ibidem.
119. *A Noite*, Segundo Caderno, 12 fev. 1957, p. 3.
120. Idem, ibidem.
121. *Luta Democrática*, 14 dez. 1957, p. 4.
122. *O Dia*, 23 nov. 1980, p. 21.
123. Depoimento ao autor, em 29 jun. 2023.
124. Depoimento a Ronaldo Grivet, 1980.
125. *Tribuna da Imprensa*, 9 set. 1955, p. 8.
126. Idem, ibidem.
127. *Subúrbios em Revista*, setembro de 1954, p. 25.

Capítulo 5: Meu samba traduz

1. *Radiolândia*, 8 mar. 1958, p. 29.
2. *Diário Carioca*, 26 jan. 1958, p. 5.

NOTAS

3. Idem, 2 mar. 1958, p. 8.
4. Sigla da Confederação Brasileira de Desportos.
5. Idem, ibidem.
6. *Jornal do Brasil*, Caderno B. 11 jul. 1974, p. 8.
7. Disponível em: <https://www.youtube.com/watch?v=R6NltJ6HBbs>. Acesso em: 17 nov. 22.
8. O impressionante sucesso do samba de Carvalhinho e Júlio Leiloeiro continua a reverberar muitas décadas depois. Ao publicar, em 2017, sua pesquisa sobre a inserção da canção brasileira na França ao longo do século XX, a professora Anaïs Fléchet, nascida na Cidade Luz, intitulou o livro de "*Si tu vas à Rio*". Uma citação direta do nome que a música ganhou por lá. Aqui, a obra foi lançada com o título "Madureira chorou em Paris".
9. *Boletim da ABI*, março de 1958, p. 2.
10. *A Noite*, Segundo Caderno, 23 maio 1957, p. 4.
11. *A Noite*, Segundo Caderno, 30 out. 1957, p. 4.
12. *Jornal do Commercio*, 27 out. 1957, p. 7.
13. *Correio da Manhã*, 15 maio 1960, p. 9.
14. Depoimento ao autor, em 6 jun. 2023.

Epílogo: Apoteose é o infinito

1. *Jornal do Brasil*, Caderno B, 12 fev. 1975, p. 5.
2. Depoimento ao autor, 20 set. 2023.
3. 2017, p. 210.
4. MACHADO, 2022.
5. *O Dia*, Caderno D, 1º e 2 dez. 1954, p. 7.
6. VALENÇA, 2022.
7. REZENDE, 2022.
8. PINTO, p. 10.
9. Idem, ibidem, p. 18.
10. PINTO, p. 19.
11. Depoimento ao autor, 8 ago. 2022.
12. Depoimento ao autor, 18 jul. 2023.
13. *Jornal do Brasil*, Primeiro Caderno, 12 fev. 1975, p. 5.
14. *O Globo*, edição matutina, 12 fev. 1975, p. 5.
15. *Manchete*, 22 fev. 75, p. 12.
16. Depoimento ao autor, 8 ago. 2022.
17. Entre as crianças que pisavam pela primeira vez na avenida naquele ano estava Luís Roberto Ricardo, que viria a se tornar Mestre Faísca, comandando a bateria da escola por muitos anos. Faísca é pai de Vitor Cezar, o Mestre Vitinho, hoje à frente dos ritmistas da escola.

18. Depoimento ao autor, em 15 out. 2022.
19. *Opinião*, 21 fev. 1975, p. 2.
20. Idem, ibidem.
21. *O Globo*, Rio Show, 4 fev. 1975, p. 33.
22. Carolina Maria de Jesus Machado, que verdadeiramente deu nome à rua, era viúva de Luís Manuel Machado Júnior, político da região, e mãe de Manuel Machado, vereador da Freguesia do Irajá na primeira Câmara Municipal republicana. Morava em uma chácara na área onde hoje se localiza a via e se notabilizou, no bairro, por ser abolicionista. De discurso e de prática: em sua casa, os escravizados foram libertados bem antes da proclamação da Lei Áurea.
23. *Correio da Manhã*, 24 fev. 1957, p. 15.
24. Idem, ibidem.

Bibliografia

Livros

ABREU, Gilda de. *Minha vida com Vicente Celestino*. São Paulo: Butterfly Editora, 2003.

ABREU, Gilda de. *Pinguinho de gente*. 9ª edição. São Paulo: Editora Cupolo, [s.d.].

AGOSTINHO, Cristina. *Luz del Fuego: a bailarina do povo*. Colaboração: Branca Maria de Paula e Maria do Carmo Brandão. 2ª edição. Rio de Janeiro: N30 Editorial, 2017.

AGUIAR, Ronaldo Conde. *Guia do passado: alegrias, venturas e esperanças — os anos 1950 e suas adjacências*. Rio de Janeiro: Casa da Palavra, 2011.

AMARAL, Maria Adelaide. *Dercy de cabo a rabo*. 4ª edição. São Paulo: Globo, 1994.

AMARAL, Ricardo. Anos 40: *quando o mundo, enfim, descobriu o Brasil*. Rio de Janeiro: Rara Cultural, 2017.

ANTUNES, Delson. *Fora do sério: um panorama do teatro de revista no Brasil*. Rio de Janeiro: Funarte, 2004.

AUGRAS, Monique. *O Brasil do samba-enredo*. 1ª edição. Rio de Janeiro: Fundação Getulio Vargas, 1998.

AUGUSTO, Sérgio. *Este mundo é um pandeiro: a chanchada de Getúlio a JK*. 1ª edição. São Paulo: Companhia das Letras, 2001.

ASSIS, Wagner de. *Renata Fronzi: chorar de rir*. Coleção Aplauso, Série Perfil. São Paulo: Imprensa Oficial de São Paulo, 2005.

BARROS, Luiz de. *Minhas memórias de cineasta*. Rio de Janeiro: Artenova/ Embrafilme, 1978.

BARROS, Orlando de. *Custódio Mesquita: um compositor romântico no tempo de Vargas (1930-1945)*. Rio de Janeiro: Funarte/ UERJ, 2001.

162 ESTRELA DE MADUREIRA

BASTOS, João. *Acadêmicos, unidos e tantas mais: entendendo os desfiles e como tudo começou*. 1ª edição. Rio de Janeiro: Folha Seca, 2010.

BERCITO, Diogo. *Brimos: a imigração sírio-libanesa no Brasil e seu caminho até a política*. São Paulo: Fósforo, 2021.

CABRAL, Sérgio. *Grande Otelo: uma biografia*. 1ª edição. São Paulo: Editora 34, 2007.

CABRAL, Sérgio. *No tempo de Ari Barroso*. Rio de Janeiro: Lumiar Editora, 2018.

CASTRO, Ruy. *A noite do meu bem: a história e as histórias do samba-canção*. São Paulo: Companhia das Letras, 2015.

CASTRO, Ruy. *Metrópole à beira-mar: o Rio moderno dos anos 20*. 1ª edição. São Paulo: Companhia das Letras, 2019.

CATANI, Afrânio M. e SOUZA, José. I. de Melo. *A chanchada no cinema brasileiro*. São Paulo: Brasiliense, 1983.

CHIARADIA, Filomena. *Iconografia teatral: acervos fotográficos de Walter Pinto e Eugénio Salvador*. Rio de Janeiro: Funarte, 2011.

COUTINHO, Afrânio (org.). *A literatura no Brasil: relações e perspectivas/conclusão*. Volume 6, parte III, 6ª edição. São Paulo: Global, 2006.

DANIEL, Mary; Maria Cristina de Souza (org.). *Follies: um teatro em revista*. Curitiba: Editora UTFPR, 2008.

CORTES, Aracy et alii. *Depoimentos III*. Rio de Janeiro: Funarte, 1977.

DIAS, José. *Teatros do Rio: do século XVIII ao século XX*. 1ª edição. Rio de Janeiro: Funarte, 2012.

EFEGÊ, Jota. *Meninos, eu vi*. 2ª edição. Rio de Janeiro: Funarte, 2007.

ENDERS, Armelle. *A história do Rio de Janeiro*. Tradução de Joana Angélica D'Ávila Melo. 2ª edição. São Paulo: Gryphus, 2008.

FLÉCHET, Anaïs. *Madureira chorou em Paris: a música popular brasileira na França do século XX*. São Paulo: Edusp, 2017.

GERSON, Brasil. *História das ruas do Rio (e da sua liderança na história política do Brasil)*. 6ª edição. Rio de Janeiro: Bem-Te-Vi, 2015.

GOMES, Tiago de Melo. *Um espelho no palco: identidades sociais e massificação da cultura no teatro de revista dos anos 1920*. Campinas: Editora da Unicamp, 2004.

GONÇALVES, Ayrton Luiz. *Barra da Tijuca, o lugar*. Rio de Janeiro: Thex Editora, 1999.

GONZAGA, Alice. *50 anos de Cinédia*. Rio de Janeiro: Record, 1987.

BIBLIOGRAFIA

GONZAGA. Alice. *Palácios e poeiras: 100 anos de cinema no Rio de Janeiro*. Rio de Janeiro: Record/Funarte, 1996.

JOST Miguel; COHN, Sérgio (org). *Bondinho*. Rio de Janeiro: Beco do Azougue, 2008.

KHOURY, Simon. *Atrás da máscara 1: segredos pessoais e profissionais de grandes atores brasileiros — Gianfrancesco Guarnieri, Ítalo Rossi, Jardel Filho, Jorge Dória, José Wilker, Juca de Oliveira, Leonardo Villar. Depoimentos prestados a Simon Khoury*. Rio de Janeiro: Civilização Brasileira, 1983.

KHOURY, Simon. *Bastidores: Irene Ravache, Marco Nanini, Aimée, Armando Bógus. Entrevistas a Simon Khoury*. Volume IV. Rio de Janeiro: Leviatã, 1994.

KHOURY, Simon. *Bastidores STB: Dercy Gonçalves, Rubens Corrêa, Suely Franco, Renato Borghi. Entrevistas a Simon Khoury*. Volume II. Rio de Janeiro: Letras & Expressões/ Montenegro & Raman, 2000.

KHOURY, Simon. *Bastidores STB: Eva Wilma, Jardel Filho, Maria Padilha, Cláudio Cavalcanti. Entrevistas a Simon Khoury*. Volume VII. Rio de Janeiro: Letras & Expressões/ Montenegro & Raman, 2002.

LIMA, Evelyn Furquim Werneck Lima. *Arquitetura do espetáculo: teatros e cinemas na formação da praça Tiradentes e da Cinelândia*. Rio de Janeiro: Editora UFRJ, 2000.

LOBO, Tiza. *Madureira & Oswaldo Cruz*. Coleção Bairros do Rio. Rio de Janeiro: Editora Fraiha/ Prefeitura da Cidade do Rio de Janeiro, 1998.

LOPES, Nei. *Dicionário da hinterlândia carioca: antigos "subúrbio" e "zona rural"*. 1ª edição. Rio de Janeiro: Pallas, 2012.

LOPES, Nei. *Guimbaustrilho e outros mistérios suburbanos*. Rio de Janeiro: Editora Dantes/ Prefeitura da Cidade do Rio de Janeiro, 2001.

LUSVARGHI, Luiza; SILVA, Camila Vieira da (org.). *Mulheres atrás das câmeras: as cineastas brasileiras de 1930 a 2018*. São Paulo: Estação Liberdade, 2019.

MACHADO, Altério. *Monografia de Capivari*. Rio de Janeiro: Prefeitura Municipal de Silva Jardim, 1993.

MACIEL, Liette de Souza. *Roberto Ribeiro: dez anos de saudade*. Rio de Janeiro: Edição da autora, 2006.

MARRACCINI, Miguel. *Serra da aventura*. São Paulo: Edições Leia, 1950.

MELLO, Zuza Homem de. *Copacabana: a trajetória do samba-canção (1929-1958)*. 1ª edição. São Paulo: Editora 34/ Edições Sesc São Paulo.

MIRANDA, Luiz F. A. *Dicionário de Cineastas Brasileiros*. São Paulo: Art Editora, 1990.

MOTA, Isabela; PAMPLONA, Patricia. *Vestígios da paisagem carioca: 50 lugares desaparecidos do Rio de Janeiro*. Rio de Janeiro: Maud X, 2019.

NUNES, Mário. *40 anos de teatro*. Volume 1. Rio de Janeiro, Serviço Nacional de Teatro, 1956.

O'DONNELL. *A invenção de Copacabana: culturas urbanas e estilos de vida no Rio de Janeiro*. Rio de Janeiro: Zahar, 2013.

OLIVEIRA, Roberta. *Praça Tiradentes*. Coleção Cantos do Rio. Rio de Janeiro: Relume Dumará/ Prefeitura do Rio de Janeiro, 2000.

PAIVA, Salvyano Cavalcanti de. *Viva o Rebolado!: Vida e morte do teatro de revista brasileiro*. 1ª edição. Rio de Janeiro: Nova Fronteira, 1991.

PIPER, Rudolf. *Filmusical brasileiro e chanchada: posters e ilustrações*. São Paulo: Loren, 1977.

PRADO, Décio de Almeida. *O teatro brasileiro moderno*. 3ª edição. São Paulo: Perspectiva, 2009.

RAMOS, Fernão (org.). *História do Cinema Brasileiro*. São Paulo: Círculo do Livro, 1987.

ROCHA, Josielle Cíntia de Souza. *Madureira: identidade, controvérsias, resiliências*. Curitiba: Appris Editora, 2021.

RUIZ, Roberto. *O teatro de revista no Brasil: das origens à Primeira Guerra Mundial*. 1ª edição. Rio de Janeiro: Instituto Nacional de Artes Cênicas (Inacen), 1998.

SIQUEIRA, André Iki. *João Saldanha: uma vida em jogo*. São Paulo: Companhia Editora Nacional, 2007.

SANTOS, Nilton. *A arte do efêmero: carnavalescos e mediação cultural no Rio de Janeiro*. 1ª edição. Rio de Janeiro: Apicuri, 2009.

SANTOS, Joaquim Justino dos; MATTOSO, Rafael; GUILHON, Teresa. *Diálogos suburbanos: identidades e lugares na construção da cidade*. 1ª edição. Rio de Janeiro: Mórula Editorial, 2019.

SCHVARZMAN, Sheila. *Mauro Alice: um operário do filme*. Coleção Aplauso, Série Perfil. São Paulo: Imprensa Oficial de São Paulo, 2008.

SCHWARCZ, Lilia Moritz (org.). *História da vida privada no Brasil: contrastes da intimidade contemporânea*. Volume 4. São Paulo: Companhia das Letras, 1998.

SEVERIANO, Jairo; MELLO, Zuza Homem de. *A canção no tempo: 85 anos de músicas brasileiras*. Volume 2: 1958-1985. 1ª edição. São Paulo: Editora 34, 1998.

BIBLIOGRAFIA

SEVCENKO, Nicolau. *A literatura como missão: tensões sociais e criação cultural na Primeira República*. 2ª edição. São Paulo: Companhia das Letras, 2003.

SEVCENKO, Nicolau (org.). *História da vida privada no Brasil-República: da Belle Époque à Era do Rádio*. Volume 3. São Paulo: Companhia das Letras, 1998.

SOARES, Maria Therezinha de Segadas; BERNARDES, Lysia M. C. *Rio de Janeiro: cidade e região*. 2ª edição. Rio de Janeiro: Prefeitura da Cidade do Rio de Janeiro, 1990.

SÜSSEKIND, Flora. *As revistas do ano e a invenção do Rio de Janeiro*. Rio de Janeiro: Nova Fronteira/Fundação Casa de Rui Barbosa 1986.

TINHORÃO, José Ramos. *Música popular: teatro & cinema*. Petrópolis: Vozes, 1972.

VALENÇA, Rachel; VALENÇA, Suetônio. *Serra, Serrinha, Serrano: o império do samba*. 1ª edição. Rio de Janeiro: Record, 2017.

VELLOSO, Monica Pimenta. *Modernismo no Rio de Janeiro*. Rio de Janeiro: FGV Editora, 1996.

VENEZIANO, Neyde. *As grandes vedetes do Brasil*. 1ª edição. São Paulo: Imprensa Oficial do Estado de São Paulo, 2010.

VENEZIANO, Neyde. *Não adianta chorar: teatro de revista brasileiro... Oba!* Campinas: Editora da Unicamp, 1996.

VENEZIANO, Neyde. *O teatro de revista no Brasil: dramaturgia e convenções*. Campinas: Pontes/Editora da Unicamp, 1991.

Periódicos especiais e sites

BRASIL. Decreto-Lei nº 9.215, de 30 de abril de 1946. Site da Câmara dos Deputados. Legislação Informatizada. Disponível em: <www2.camara.leg.br/legin/fed/declei/1940-1949/decreto-lei-9215-30-abril-1946-417083-publicacaooriginal-1-pe.html>. Acesso em: 16 mar. 2023.

BRASIL. Censo Demográfico: população e habitação. Quadro de totais para o conjunto da União e de distribuição pelas regiões fisiográficas e unidades federadas. Rio de Janeiro: Serviço Gráfico do Instituto Brasileiro de Geografia e Estatística, 1950. Disponível em: <biblioteca.ibge.gov.br/visualizacao/periodicos/65/cd_1940_v2_br.pdf>. Acesso em: 16 mar. 2023.

PIMENTEL, Márcia. "O primeiro teatro do subúrbio e a morte da estrela". Rio de Janeiro: MultiRio Mídia Educativa, 3 abr. 2013. Disponível em: <multirio.rio.rj.gov.br/index.php/leia/reportagens-artigos/reportagens/466-o-primeiroteatro-do-suburbio-e-a-morte-da-estrela>. Acesso em: 24 jun. 2021.

PINTO, Fernando. "Zaquia Jorge: a vedete dos subúrbios, estrela de Madureira". Rio de Janeiro: GRES Império Serrano, 1975.

Clipes, especiais de TV e telejornais

"80 anos de Cinédia". *Arquivo N.* Rio de Janeiro: *Globo News*, 24 de fevereiro de 2010. Minutagem: 22'15".

"Carmem Verônica". *Persona em foco.* São Paulo: *TV Cultura*, 1º de novembro de 2017. Minutagem: 58'22".

"Carnaval carioca". Edição especial. *Telejorna! Brasil Hoje.* Rio de Janeiro: *Agência Nacional*, fevereiro de 1975. Minutage m: 10'29".

Dario Moreno: "Si tu vas à Rio". *Archive INA.* Paris, fevereiro de 1966. Minutagem: 01'48". Disponível em: <https://www.youtube.com/watch?v=R6Nlt-J6HBbs>. Acesso em: 17 nov. 2022.

Ensaios, monografias e dissertações

ANTAN, Leonardo dos Santos. *Reis e Pinto: as linguagens marginais nos desfiles das escolas de samba dos anos 1990.* Trabalho de conclusão do curso de bacharelado em História da Arte. Universidade do Estado do Rio de Janeiro, 2017.

JUNQUEIRA, Christine. *A Companhia de Revistas Beatriz Costa com Oscarito e o circuito transnacional do teatro no Rio de Janeiro dos anos 1940.* Ensaio apresentado no IX Congresso da Associação Brasileira de Pesquisa e Pós-Graduação e Artes Cênicas (Abrace) — Poéticas e Estéticas Descoloniais: artes cênicas em campo expandido, realizado em Uberlândia (MG), de 11 a 15 de novembro de 2016. Disponível em: <file:///C:/Users/pesquisa05/Desktop/1725-Texto%20do%20artigo-5241-1-10-20180521.pdf>. Acesso em: 20 mar. 2023.

MARQUES, Maximiliano Almeida Bastos da Costa *et al. A cuíca está roncando: uma abordagem dos aspectos visuais das revistas carnavalescas de Walter Pinto dos anos 40 e seu diálogo com o Carnaval carioca.* Tese apresentada ao programa de pós-graduação em Artes. Universidade do Estado do Rio de Janeiro, 2018.

DA COSTA MARQUES, Maximiliano Almeida Bastos. "Folia em revista: o teatro de Walter Pinto e a festa carnavalesca carioca". *Revista da USP.* Sala Preta, v. 21, nº 2, 2022. Disponível em: <www.revistas.usp.br/salapreta/article/view/201512/189608>. Acesso em 30 set. 2023.

BIBLIOGRAFIA

DE SOUSA, Raquel Gomes. *As salas de cinema no subúrbio carioca do século XX*. Espaço Aberto, v. 5, nº 2, 2015. Disponível em: <file:///C:/Users/pesquisa05/Downloads/Dialnet-AsSalasDeCinemaNoSuburbioCariocaDoSeculoXX-5793406%20(1).pdf>. Acesso em: 23 maio 2023.

OLIVEIRA, Rodolfo Marques de. *Zaquia Jorge, a estrela do subúrbio: a cultura do teatro de revista em Madureira de 1952 a 1957*. Trabalho de conclusão do curso de bacharelado em História. Universidade Federal Fluminense, 2014.

VASCONCELLOS, Evandro Gianasi. *Entre o palco e a tela: As relações do cinema com o teatro de revista em comédias musicais de Luiz de Barros*. Dissertação apresentada ao programa de pós-graduação em Imagem e Som. São Paulo, Universidade Federal de São Carlos, 2015.

Peças de teatro

AMARAL, Milton; MORENO, Francisco. *Tá babando*. Rio de Janeiro, 1952. Acervo da SBAT.

BARROS, Olavo; SENA, Saint-Clair. *Confusão na área*. Rio de Janeiro, 1954. Acervo da SBAT.

BÔSCOLI, Geysa; JÉRCOLIS, Jardel. *Banana não tem caroço*. Rio de Janeiro, 1953. Acervo da SBAT.

BREDA, Alfredo. *A galinha comeu*. Rio de Janeiro, 1953. Acervo da SBAT.

BREDA, Alfredo. *Bateu o bingo*. Rio de Janeiro, 1953. Acervo da SBAT.

BREDA, Alfredo; JORGE, Zaquia. *Boca de espera*. Rio de Janeiro, 1955. Acervo da SBAT.

BREDA, Alfredo. *Chegou o guloso*. Rio de Janeiro, 1953. Acervo da SBAT.

BREDA, Alfredo; MARCHELLI, Vicente. *É grande, pai*. Rio de Janeiro, 1953. Acervo da SBAT.

BREDA, Alfredo; JORGE, Zaquia. *Pintando o sete*. Rio de Janeiro, 1955. Acervo da SBAT.

BREDA, Alfredo. *Tudo é lucro*. Rio de Janeiro, 1952. Acervo da SBAT.

BREDA, Alfredo. *Vai levando, curió*. Rio de Janeiro, 1952. Acervo da SBAT.

FERREIRA, Augusto; COSTA, F. H. *Ve si mi esquece*. Rio de Janeiro, 1955. Acervo da SBAT.

JÚNIOR, Freire; PINTO, Walter. *Nem te ligo*. Rio de Janeiro, 1946. Acervo da SBAT.

JÚNIOR, Freire; PINTO, Walter. *O pequenino é quem manda*. Rio de Janeiro, 1953. Acervo da SBAT.

MARCHELLI, Vicente; JORGE, Zaquia. *Bafafá de brotos*. Rio de Janeiro, 1955. Acervo da SBAT.

MATHEUS, Rosa; RUIZ, Roberto. *Tá na hora*. Rio de Janeiro, 1953. Acervo da SBAT.

NUNES, Max; MAIA, J. *Quem é que não gosta*. Rio de Janeiro, 1956. Acervo da SBAT.

NUNES, Max; MAIA, J. *Tudo de fora*. Rio de Janeiro, 1954. Acervo da SBAT.

PEIXOTO, Luiz; BÔSCOLI, Geysa. *Bonde da Laite*. Rio de Janeiro, 1945. Acervo da SBAT.

PEIXOTO, Luiz; BÔSCOLI, Geysa; ORLANDO Paulo. *Canta Brasil*. Rio de Janeiro, 1945. Acervo da SBAT.

SOBRINHO, Boiteux; JORGE, Zaquia. *Mistura e manda*. Rio de Janeiro, 1956. Acervo da SBAT.

SOBRINHO, Boiteux; JORGE, Zaquia. *Você não gosta*. Rio de Janeiro, 1956. Acervo da SBAT.

Filmes

Assim era a Atlântida. Documentário. Direção: Calos Manga. Produção: Atlântida Cinematográfica; Carlos Manga Produções Cinematográficas. Duração: 105 minutos. Rio de Janeiro, 1975.

A baronesa transviada. Comédia musical. Direção: Watson Macedo. Produção: Cinedistri. Duração: 100 minutos. Rio de Janeiro, 1957.

Caídos do céu. Comédia musical. Direção: Luiz de Barros. Produção: Cinédia Estúdios Cinematográficos. Duração: 115 minutos. Rio de Janeiro, 1946.

Cia. de revistas Walter Pinto. Episódio da série Companhias do Teatro Brasileiro. Documentário. Direção: Roberto Bomtempo. Produção: Camisa Listrada e Movimento Carioca Produções Artísticas. Duração: 26 minutos. Rio de Janeiro, 2023.

Fantasma por acaso. Comédia musical. Direção: Moacyr Fenelon. Produção: Atlântida Cinematográfica. Duração: 104 minutos. Rio de Janeiro, 1946.

Mamãe, eu quero ser vedete. Documentário. Direção: Neyde Veneziano. Produção: Veneziano Produções Teatrais e Cinematográficas/ Lokomotiv Studio/ Vitrola Digital. Duração: 49 minutos. São Paulo, 2016.

BIBLIOGRAFIA

Mulheres de cinema. Documentário. Direção: Ana Maria Magalhães. Produção: Embrafilme. Duração: 38 minutos. Rio de Janeiro, 1978.

Vedetes do Brasil. Documentário. Direção: Dimas Oliveira Júnior e Felipe Harazim. Produção: WeDo Comunicação/Rede STV Sesc-Senac de Televisão. Duração: 51 minutos. São Paulo, 2003.

Depoimentos

PINTO, Walter. Depoimento ao Serviço Nacional de Teatro (SNT). Série Brasil/Memória das Artes. Fundação Nacional de Artes (Funarte)/Ministério da Educação/Serviço Nacional de Teatro (SNT). Rio de Janeiro/RJ. 15 jan. 1975. Gravação em áudio.

RÚBIA, Mara. Museu da Imagem e do Som. Depoimentos para a posteridade. Rio de Janeiro, RJ. 12 jun. 1972. Gravação em áudio.

Jornais e revistas

A Cigarra
A Manhã
A Noite
A Scena Muda
Boletim da ABI
Careta
Carioca
Cine Repórter
Correio da Manhã
Diário Carioca
Diário da Noite
Diário de Notícias
Escândalo
Flan: O Jornal da Semana
Gazeta de Notícias
Imprensa Popular
Joia: Revista Feminina Quinzenal
Jornal do Brasil
Jornal do Commercio
Jornal dos Sports

Luta Democrática
Manchete
O Cruzeiro
O Dia
O Globo
O Jornal
O Mundo Ilustrado
Opinião
Palcos e Telas
Radiolândia
Revista da Semana
Rio Magazine
Subúrbios em Revista
Tribuna da Imprensa
Última Hora

Acervos

Arquivo Nacional
Arquivo da Cidade do Rio de Janeiro
Arquivo Público do Estado de São Paulo
Biblioteca Nacional
Cinearte Produções Cinematográficas
Cinédia Estúdios Cinematográficos
Fundação Nacional de Artes (Funarte)
Instituto Moreira Salles/ Rio de Janeiro (IMS-RJ)

Índice onomástico

A

A alegria do peru (peça de teatro), 114

A baronesa transviada (filme), 119, 121-123

A bruxa e a fada (peça de teatro), 125

A galinha comeu (peça de teatro), 102

A inconveniência de ser esposa (peça de teatro), 63

A inimiga dos homens (peça de teatro), 65

A Manhã (jornal), 53, 71, 81-82

A Noite (jornal), 17, 36, 53, 56, 65, 76-77, 81-82, 85, 95, 98, 116, 119, 124, 132

A Scena Muda (revista), 61

A vedete do subúrbio (peça de teatro), 146

Abrahão Jorge Filho, 15, 17, 23, 64, 131, 133

Acabaram-se os otários (filme), 39, 41

Academia Brasileira de Letras (ABL), 42

Acadêmicos do Salgueiro, 142, 144

Acyr Pimentel, 136-138

Adhemar de Barros, 104

Adhemar Gonzaga, 39, 47-48

Adolfo Macedo, 122

Adorei milhões (peça de teatro), 56

Affonso Martinelli, 16

Affonso Segreto, 38

Afonso Brandão, 132

Afonso Pena, 77

Afrânio Arsênio de Lemos, 96

Agência Nacional, 139

Aguenta firme, Isidoro (filme), 47-48

Aída Santos, 14

Aírton Borges, 122

Alba Lopez, 54-55

Albert Camus, 19

Albertino Rodrigues, 45

Alberto Figueiredo Pimentel, 29

Alberto Flores (pseudônimo de Mary Daniel), 50, 52-55, 102

Alberto Ribeiro, 51

Alda Garrido, 87, 116

Aldo Calvet, 68, 77, 100

Alexandre Alencastre, 60

Alfredo Breda, 89, 91, 93, 97, 101-103, 108, 113, 116, 132

Alice Archambeau, 44

Alice dos Santos, 143

Alim Pedro, 77-78

Almir Pica-Pau, 137

Altamiro Carrilho, 130

Aluísio Azevedo, 42

Álvaro Pinto, 32

Alvorada (cinema), 51

Amácio Mazzaropi, 122

172   ESTRELA DE MADUREIRA

América Cabral, 114
André Filho, 89
Angelo Lazary, 35
Aniceto Moscoso, 103
Anita Garibaldi, 102
Anselmo Duarte, 83
Antônio Accioly Netto, 54-55, 65, 67, 90
Antônio Adolfo, 130
Antônio Franco de Oliveira ("Neném Prancha"), 51
Antonio Gonçalves, 58, 60
Antônio Maria, 62
Aracy Cortes, 30, 96-98, 101
Ari Pereira, 133
Arlindo Cruz, 138
Armando Ângelo, 44
Armando Braga, 40
Arquimedes de Oliveira, 30
Art Palácio, 51
Artur Azevedo, 28, 30 ,66
Artur Moraes, 42
Ary Barroso, 30, 133
As aventuras de Pedro Malasartes (peça de teatro), 125
As máscaras falam (programa de TV), 116
As pernas da herdeira (peça de teatro), 70-71, 107
As surpresas do sr. José da Piedade (peça de teatro), 27
Associação Brasileira de Cronistas Cinematográficos (ABCC), 42
Associação Brasileira de Imprensa (ABI), 61, 131
Associação Comercial de Madureira, 17
Ataulfo Alves, 42
Átila Iório, 41
Atlântida Cinematográfica, 39-40, 120
Augusto Calheiros, 112
Aurea Nieves, 36
Áurea Paiva, 106, 131

Aurimar Rocha, 71
Ava Gardner, 115
Avarese (nome artístico de Abimael Nascimento Álvares), 135, 137-139, 143
Aventuras do Oriente (filme), 83

B
Badu (nome artístico de Osvaldo Gomes Canecchio), 55
Bafafá de brotos (peça de teatro), 108-109
Banana não tem caroço (peça de teatro), 101
Barca da Cantareira (peça de teatro), 35
Bateu o bingo (peça de teatro), 97
Beatriz Costa, 36
Benedito Jorge, 22
Benedito Lacerda, 30, 45
Benjamin Farah, 104
Beth Carvalho, 130, 138
Bibi Ferreira, 62
Biblioteca Infantil de São Paulo, 57
Bill Farr, 121
Blecaute (nome artístico de Otávio Henrique de Oliveira), 91
Boa noite, Rio! (peça de teatro), 55
Boate Acapulco, 88
Boca de espera (peça de teatro), 108
Boiteux Sobrinho, 115, 117-119, 126, 132
Boletim da Associação Brasileira de Imprensa, 131
Bonde da Laite (peça de teatro), 36
Bondinho (revista), 110
Boston Blackie's Chinese Venture (filme), 59
Botafogo de Futebol de Regatas, 19, 51, 104, 128
Braguinha, 51
Brandão Filho ("O Popularíssimo"), 132
Brasil Vita Filmes, 119, 122
Brício de Abreu, 80, 116
Brimos (livro), 21

ÍNDICE ONOMÁSTICO

C
Caetano Veloso, 130
Caídos do céu (filme), 41-42, 48
Caindo de touché (peça de teatro), 133, 143
Canta Brasil (peça de teatro), 37
Capitã do escrete (peça de teatro), 133
Carioca (revista), 56, 64
Carlos Alberto Jorge Rodriguez Júnior, 134, 150
Carlos Alberto Jorge Rodriguez, 26, 117, 131-133
Carlos Alberto Machado, 138
Carlos Drummond de Andrade, 79
Carlos Galhardo, 39
Carlos Gomes Potengy, 86, 89, 97, 103, 130
Carlos Guinle, 101
Carlos Hugo Christensen, 59
Carlos Luz, 52
Carlos Machado, 84
Carlos Manga, 39, 59
Carlos Tovar, 53-55, 68
Carmelita Varella Alliz, 56
Carmem Verônica (nome artístico de Carmelita Varella Alliz), 56, 84
Carmen Miranda, 24, 30, 33, 142, 144
Carmen Santos, 119
Carmen Vic, 14-15, 18-19, 131
Carnaval no fogo (filme), 120
Carracini, 30
Caruso (cinema), 51
Carvalhinho (nome artístico de José Prudente de Carvalho), 111, 127-128, 130
Casa dos Artistas, 17, 61, 97
Casa dos Expostos, 24
Cassino Atlântico, 41
Cassino Copacabana, 43
Cassino da Urca, 24, 41
Celeste Aída, 13-16, 18, 84, 117, 119, 124-125, 131

Celso Camargo, 60
César de Alencar, 128
Cesar Fronzi, 41
César Ladeira, 39
Chagas Freitas, 104
Charles de Gaulle, 37
Chegou o guloso (peça de teatro), 101
Chiang Kai-shek, 37
Chico Anysio, 120
Chique-chique (peça de teatro), 30
Chiquinha Gonzaga, 30
Chocolate (nome artístico de Dorival Silva), 43
Choro do Sinhô, 45
Cia. Grandes Espetáculos, 54
Cine Alfa, 59, 75, 83
Cine Beija-Flor, 75, 83
Cine Coliseu, 75, 83, 123
Cine Odeon, 25, 127, 136
Cine Palácio, 25
Cine Pathé, 25
Cine Repórter (revista), 47
Cinédia, 39, 41-42, 46-47, 49, 58
Cinira Polônio, 102
Claribalte Passos, 127
Clark Gable, 83
Claude Vincent, 69
Cláudio Rocha, 123
Cleópatra, 102
Clube de Regatas Boqueirão do Passeio, 137-138
Clube de Regatas do Flamengo, 44, 104
Clube dos Fenianos, 30
Coisas do Rádio e da TV (coluna de jornal), 128
Colégio Maria Raythe, 24-25
Companhia Aimée, 63
Companhia Beatriz Costa, 36
Companhia Cinematográfica Vera Cruz, 83

Companhia de Mara Rúbia e Renata Fronzi, 87

Companhia Walter Pinto, 32

Companhia Zaquia Jorge & Fernando Vilar, 66

Companhia Zaquia Jorge, 95-96, 106

Conchita Mascarenhas, 133

Condor (cinema), 51

Confusão na área (peça de teatro), 105

Conservatório Dramático, 27

Cooperativa Cinematográfica Brasileira, 59

Correio da Manhã (jornal), 16-17, 37, 44, 78, 116, 127, 133, 147

Costinha (nome artístico de Carlos Costa), 14-15, 119

Cristina Agostinho, 90

Cristóvão de Alencar, 100

Custódio Mesquita, 30, 35

Cyro Monteiro, 40

D

Dalva de Oliveira, 42, 48, 61

Daniel Filho (João Carlos Daniel Filho), 56

Dario Moreno, 129-130

De Leone (pseudônimo de Leone Dória Machado), 70

De vagar eu chego lá (peça de teatro), 133

Décio de Almeida Prado, 31

Deixa falar (peça de teatro), 44

Delorges Caminha, 63

Democratas (sociedade carnavalesca), 30

Dercy Gonçalves, 35-37, 39, 41, 43-44, 46, 62, 80, 84, 120, 122-123

Deus e a natureza (peça de teatro), 107

Diário Carioca (jornal), 17, 50, 53, 62, 128

Diário da Noite (jornal), 60, 96, 104

Diário da Tarde (jornal), 17

Diário de Natal (jornal), 17

Diário de Notícias (jornal), 66, 113

Didi (jogador de futebol), 74, 128

Diogo Bercito, 21

Discoteca (coluna de jornal), 127

Dois maridos em apuros (peça de teatro), 66

Doll face (peça de teatro), 56

dom Pedro I (cinema), 59

dom Pedro I, 27

dom Pedro II, 21

Domingos Risseto, 92

Don Madrid, 127

dona Maria II, 27

Dorina (nome artístico de Adorina Guimarães Barros), 138

Dorival Caymmi, 101

Dudu Nobre, 138

E

É disso que eu gosto! (peça de teatro), 33

É grande, pai (peça de teatro), 91-92

École des Ponts et Chaussées, 29

Edgar Brasil, 120

Edições Leia, 59

Ele vem aí (peça de teatro), 53

Eloína Ferraz, 85, 133

Elvis Presley, 132

Empresa de Teatro Pinto Ltda., 32

Empresa Zaquia Jorge, 13, 79, 89, 97, 100

Enrico Caruso, 106

Errol Flynn, 83

Escândalo (revista), 18

Escola Normal Carmela Dutra, 75

Escola Visconde de Mauá, 75

Especial RJB (programa de rádio), 129

Esperidião Francisco, 24

Estação Primeira de Mangueira, 142

Este mundo é um pandeiro (filme), 120

Estela Dalva, 131

ÍNDICE ONOMÁSTICO

Esther Leão, 64, 69-70
Esther Tarcitano, 73
Etelvina dos Santos, 22-23
Eurico Gaspar Dutra, 37, 52
Evaristo de Macedo, 74
Evilásio Marçal, 81-82, 87, 90, 100-101, 104

F

Fabiano Faissal, 53
Fantasma por acaso (filme), 40-41, 120
Fariza Jorge, 23
Fátima Pimenta, 134
Fenianos (sociedade carnavalesca), 30
Fernando Del Bosque, 101
Fernando Henrique Costa ("F.H. Costa"), 112
Fernando Moreno, 97
Fernando Pamplona, 144
Fernando Pinto, 136, 139-142, 144-145
Fernando Vilar, 64-66, 68, 71, 73, 75-76, 78, 80
Figueiredo Novaes, 27
Filomena Chiaradia, 32
Finfas (ator e cenógrafo), 110
Flávio Cavalcanti, 127
Floriano Faissal, 36
Floripes Rodrigues, 131
Fon-Fon (revista), 47
Fossilismo e progresso (peça de teatro), 27
Francisco Alves, 30, 42
Francisco Botelho dos Santos, 22
Francisco Moreno, 66, 69, 96-97, 133
Francisco Pereira Passos, 29, 66
Francisco Serrador, 38
Francisco Serrano, 81
Franklin Roosevelt, 25
Franz Schubert, 107
Fred Lee, 43

Freddy Daltro (pseudônimo de Nilson Risardi), 18, 131
Freire Júnior, 26, 36, 38, 43, 81-83, 85, 103-104

G

Gafieira Estudantina, 25
Galante de Sousa, 31
Garoto enxuto (peça de teatro), 132
Gazeta Esportiva (jornal), 17
Georges Haussmann, 29
Geraldo Pereira, 42
Getúlio Vargas, 37-38, 53, 60, 92, 103
Geysa Bôscoli, 35-37, 44, 62, 68, 101
Gilda de Abreu, 46-47
Gina Teixeira, 146
Gloria May, 95
Gran Circo Atlântico, 52
Grande Otelo, 39, 43, 54-55, 62, 105, 123
Gustavo Doria, 67, 69-70
Gustavo Silva, 45

H

Haroldo Lobo, 42, 129
Heber de Bôscoli, 46
Hector Babenco, 122
Heitor dos Prazeres, 42
Heleno de Freitas, 51
Heloisa Marques, 91
Henrique Campos, 82, 125
Henrique de Almeida, 129
Henrique Oscar, 113-114
Herivelto Martins, 42, 58
Hipólito Collomb, 35
Hortênsia Santos, 65
Humberto Catalano, 39, 120
Humberto Mauro, 119

I

I. Picilone, 128-129
Ibrahim Sued, 114

Imperial Basket Club, 74

Império Serrano, 12, 16, 74, 110, 135, 137-139, 141-142, 144, 146-147

Iolanda Just, 14-15

Irani Santos Ferreira, 144

Íris Bruzzi, 133

Isabel de Barros, 46

Isaurinha Garcia, 42

Itinerário de Pasárgada (livro), 147

Iza Rodrigues, 61, 65

J

J. Maia, 85, 106, 108, 114

J. Ribeiro, 65

J. Wagner, 114

Já vi tudo! (peça de teatro), 53-54

Jackson do Pandeiro, 105

Jaime Costa, 68

Jair Rodrigues, 112, 130

Jair Rosa Pinto, 74

Jamelão (nome artístico de José Bispo Clementino dos Santos), 138

Jamile Jorge, 23-24, 26

Jane di Castro, 138

Jaraguá (cinema), 59

Jardel Jércolis, 35, 54, 62, 101

Jean Broussolle, 129

Jeanne Bourgeois, 92

Joana d'Arc (vedete), 132

Joana D'Arc, 102

João Brito, 30

João Carlos Vital, 76-79

João do Rio, 30

João Martins, 65

João Saldanha, 19, 51

João Tinoco de Freitas, 59

Joãosinho Trinta, 144

Joaquim Serra, 28

Joel de Almeida, 127-129, 132

John Wayne, 58

Johnny Alf, 122

Jorge Abrão, 21-23, 131

Jorge Aragão, 138

Jorge Diniz, 77

Jorge Dória (nome artístico de Jorge Pires Ferreira), 70-71

Jorge Murad, 53-54

Jorge Veiga, 129

Jornal do Brasil (jornal), 17, 26, 31, 104, 135, 142

Jornal do Commercio (jornal), 69-71, 79, 85, 106, 132

Jornal dos Sports (jornal), 47, 55, 81, 101, 104, 124

José Augusto Correia Varella, 66

José Barbosa da Silva, 45

José Batista Coelho, 30

José Cândido Maia Alves ("J. Maia"), 85, 106, 108, 114

José Carlos Burle, 40

José da Silveira Sampaio, 63-64, 71, 140

José Joaquim de Sá Freire Alvim, 146

José Jorge, 23

José Maria Rodrigues, 146

José Roberto Cunha Salles, 38

José Silva, 110

Josef Stálin, 37

Jota Efegê, 45, 55, 80-81, 101, 104, 124

Joubert de Carvalho, 30

Juan Daniel, 50, 52-56, 61

Júlio Monteiro Gomes ("Júlio Leiloeiro"), 16, 44-45, 53, 56, 62-64, 66, 71, 73, 75-76, 78, 80, 86-87, 105, 107, 113, 116-117, 119, 123-125, 127-130, 132

Juscelino Kubitschek, 17

K

King Camp Gillette, 33

ÍNDICE ONOMÁSTICO

L

Laerte Caetano
Lágrimas de sangue (filme), 121
Lamartine Babo, 30, 46
Leandro Sapucahy, 138
Leci Brandão, 138
Leone Dória Machado, 70
Leonor Mendes de Barros, 104
Leonora Monteiro, 124
Les Compagnons de la Chanson, 129
Lima Barreto, 140
Linda Batista, 42, 48
Linda Rodrigues, 54, 61-62
Lindolfo Gaya, 130, 136
Lita Rodrigues, 107
Lourdinha Maia, 61
Lucrécia Bórgia, 102
Luís Iglesias, 43, 46
Luiz Adolpho Magalhães, 79
Luiz Alípio de Barros, 123
Luiz da Gama Filho, 97, 103
Luiz de Barros, 41, 47, 49
Luiz Felipe Guimarães, 131
Luiz Felipe Magalhães, 124
Luiz Peixoto, 33, 35-37, 44
Luiz Rocha, 82
Luiz Severiano Ribeiro, 38, 40, 59
Luta Democrática (jornal), 15, 17, 114, 125
Luz del Fuego (nome artístico de Dora Vivacqua), 92
Luz del Fuego: a bailarina do povo (livro), 92
Lya Mara, 81-82, 95, 132
Lyson Gaster, 102

M

Macaco, olha o teu rabo (peça de teatro), 104
Machado de Assis, 31

Madame Lou, 44
Magalhães Barata, 128
Manchete (revista), 109, 142
Mano Décio da Viola, 110
Manoel Pinto, 32, 36, 53
Manoel Rocha, 60
Manuel Bandeira, 147
Manuel Bastos Tigre, 30
Manuel Roussado, 27
Mara Rúbia, 34-35, 39-40, 61-62, 87
Marcelo Ramos e Silva, 17
Marechal João Carlos de Saldanha Oliveira e Daun, 27
Margot Morel, 70, 124, 129
Maria Adelaide Amaral, 122
Maria Bethânia, 112
Maria da Fonte, 102
Maria de Fátima Araújo, 110-111
Maria Esther Bueno, 19
Maria Leontina dos Santos, 22
Maria Lino, 102
Maria Santacruz, 67
Marília de Dirceu, 102
Marilyn Monroe, 115
Marina de Andrade Costa, 95
Mário Bastos, 83, 107, 110, 114, 125
Mário de Andrade, 147
Mario Lago, 30
Mário Nunes, 31, 62, 80
Mário Rodrigues, 16
Mario Salaberry, 63
Marlene (nome artístico de Victória Bonaiutti de Martino), 42
Marquinhos de Oswaldo Cruz, 138
Marreco, 60
Mary Daniel, 50, 52-56, 102
Mary Lincoln, 44
Maurício Tavares, 135
Max Nunes, 85, 106, 108, 114, 132
Máximo Puglisi, 60

Mengo, tu é o maior! (peça de teatro), 85, 88
Metro (cinema), 101
Metro-Goldwyn-Mayer, 83
Michael Curtiz, 83
Miguel Marraccini (nome artístico de Michele Marraccini), 57-60
Milton Amaral, 96
Milton Carneiro, 39
Milton Carvalho, 60
Milton de Oliveira, 42
Mirabeau, 127
Mistinguett (nome artístico de Jeanne Bourgeois), 92
Mistura e manda (peça de teatro), 117
Moacyr Fenelon, 39-41
Monarco (nome artístico de Hildmar Diniz), 110
Moreira Sampaio, 28
Moulin Rouge, 92
Mulher despida (peça de teatro), 68

N

Não sou de briga (peça de teatro), 43
Natal (nome artístico de Natalino José do Nascimento), 110
Negrão de Lima, 146
Nei Lopes, 75, 111
Neide Lopes, 14-16
Nelma Costa, 41, 48-49
Nelson Gonçalves, 40
Nelson Motta, 144
Nelson Pereira dos Santos, 123
Nem te ligo! (peça de teatro), 38
Ney Machado, 56, 65, 77-79, 82, 85-87, 95, 98, 116, 119, 124
Neyde Veneziano, 29-30
Nick Nicola, 132
Nicolau Guzzardi ("Totó"), 48-49
Nilo Chagas, 42

Nilson Risardi, 18, 131
Noemi Cavalcanti, 48

O

O bilontra (peça de teatro), 28
O camponês alegre (opereta), 43
O cortiço (filme), 41
O Cruzeiro (revista), 54-55, 61, 65, 67, 90, 117, 135, 142
O Dia (jornal), 17, 67, 96, 138
O dote (peça de teatro), 66, 68
O ébrio (filme), 44, 46-47
O espetáculo continua (peça de teatro), 131
O Globo (jornal), 16-17, 43, 67, 69-70, 142-144
O Jornal (jornal), 40, 60, 96
O maxixe (peça de teatro), 30
O Mundo Ilustrado (revista), 17
O negócio é mulher (peça de teatro), 16, 125
O negócio é rebolar (peça de teatro), 105-106
O padeiro Braulinho (peça de teatro), 125
O pequenino é quem manda (peça de teatro), 103
O Planeta dos Homens (programa de TV), 132
O Poti (jornal), 17
Odeon Records, 127, 136
Odete Goulart, 91
Olavo de Barros, 106
Olympio Bastos ("Mesquitinha"), 53-54
Ópera de Moscou, 118
Orlando Silva, 104
Os águias (peça de teatro), 66
Os Trapalhões, 59
Oscar Lopes, 35, 67
Oscarito (nome artístico de Oscar Lorenzo Jacinto de la Inmaculada Concepción Teresa Días), 35-36, 38, 40, 46, 124

ÍNDICE ONOMÁSTICO

Osvaldo Batista, 15
Oswaldo Louzada, 64, 70
Oswaldo Salgado Rodriguez, 25-26, 131-132
Otello Zeloni, 121
Otília Amorim, 102

P

Palcos e Telas (revista), 31
Paris Palace (cinema), 51
Partido Comunista Brasileiro (PCB), 88
Partido Social Progressista (PSP), 104
Paschoal Carlos Magno, 16-17, 38, 44, 78, 80, 116, 147
Pato Preto, 60
Paul Nivoix, 68-70
Paulo de Frontin, 66
Paulo Gracindo (nome artístico de Pelópidas Guimarães Brandão), 111
Paulo Orlando, 37
Paulo Rezende, 139, 141-142
Pedro Lima, 60
Pepa Ruiz, 103
Persona em foco (programa de TV), 84
Pinguinho de gente (filme), 46-47
Pintando o sete (peça de teatro), 113
Pixinguinha (nome artístico de Alfredo da Rocha Vianna Filho), 30
Política da Boa Vizinhança, 25
Portela, 16, 74, 109-110 ,132
Prazer da Serrinha, 74
Procópio Ferreira, 68

Q

Qual é o bochecho? (peça de teatro), 132
Quem é que não gosta? (peça de teatro), 114
Quero ver isso de perto! (peça de teatro), 46

R

Rachel Valença, 137, 139
Rádio Jornal do Brasil, 129
Rádio Mayrink Veiga, 107
Rádio Nacional, 112, 128
Rádio Tupi, 62, 132
Radiolândia (revista), 128
Raimundo Magalhães Júnior, 80
Raoul Praxy, 65
Raul de Castro, 35
Raul Lima, 66
Raymond Lefèvre, 130
Regina Célia, 141
Regina Maria Oliveira, 100
Rei Luís XV de França, 115
Renata Fronzi, 40, 46, 87, 96
Renato Aragão, 133
Renato Decarvas, 95
Renato Viana, 31
René Bittencourt, 111, 129
Revista da Semana (revista), 99
Revista do ano de 1874 (peça de teatro), 28
Revista do Rádio (revista), 17, 47, 62, 81-82
Rex (cinema), 60
Rian (cinema), 101
Ricamar (cinema), 51
Rio Magazine (revista), 65
Rio, zona norte (filme), 123
Riviera (cinema), 51
Roberto Azevedo, 91
Roberto Hull, 35
Roberto Marinho, 65
Roberto Pires, 96
Roberto Ribeiro, 12, 135-138, 143
Roberto Ruiz, 103
Rodolfo Carvalho, 65
Rodrigo Pereira, 59
Rodrigues Alves, 23, 29
Ronaldo Grivet, 84, 146

Rosa de Lima, 111
Rosa Matheus, 103
Rosalind Russell, 83
Rose Rondelli, 88
Roxy (cinema), 101
Ruy Castro, 30

S
Sabará (cinema), 59
Sacode a jaca (peça de teatro), 118, 123
Saint-Clair Senna, 105
Salão de Novidades de Paris, 38
Salomão Filho, 89, 91, 97, 103
Saluquia Rentini, 132
Salvyano Cavalcanti de Paiva, 32, 37
Sandra Barreto, 107
Sandra Sandré, 84, 106, 111, 117, 125
Sandro Moreira, 51
Santa Rosa, 35
Sebastião Gomes, 129
Sérgio Jamelão, 143
Sérgio Porto, 51, 62
Serra da aventura (filme e livro), 58-61
Serra, Serrinha, Serrano: o império do samba (livro), 137
Serviço Nacional de Teatro (SNT), 33, 64, 68, 71, 76, 86, 98-100, 113
Silvio Caldas, 30
Silvio Júnior, 119
Simplício (nome artístico de Francisco Flaviano de Almeida), 124
Sinhô (nome artístico de José Barbosa da Silva), 30, 45
Sinhô do Bonfim (peça de teatro), 43
Sob a luz do meu bairro (filme), 39-40
Sociedade Brasileira de Autores Teatrais (SBAT), 80, 118
Stanislaw Ponte Preta (pseudônimo de Sérgio Porto), 62, 109
Subúrbios em Revista (revista), 75, 86, 89, 104-105, 130

Suetônio Valença, 137, 139
Suzy Derqui, 36

T
Tá babando (peça de teatro), 96
Tá na hora (peça de teatro), 103
Tasso Barroso Braga, 133
Teatrinho Íntimo, 63
Teatrinho Madureira, 77
Teatro Brigitte Blair, 146
Teatro Carlos Gomes, 25, 46, 53, 63, 116
Teatro de Bolso, 63-64, 68, 70 ,100, 107
Teatro Follies, 50, 52-56, 61, 63-64, 85, 95
Teatro Ginásio, 27
Teatro Glória, 43
Teatro Jardel, 51, 62-63, 87, 96, 124
Teatro João Caetano, 25, 36, 62-63, 130
Teatro Madureira, 13, 16, 19, 78-79, 83-84, 86, 90-91, 96, 100, 105, 107, 111, 113, 115-116, 119, 123, 125-126, 141
Teatro Recreio, 25-26, 30, 32-33, 35-38, 43, 53, 63, 80 ,82-83, 89, 103, 116, 124
Teatro República, 36, 63
Teatro Rival, 52, 87, 146
Teatro Santana, 35, 59
Teatro Serrador, 53
Teatro Variétés, 32
Teatro Vaudeville, 28
Teatro Zaquia Jorge, 132, 134
Tenentes do Diabo (sociedade carnavalesca), 30, 44-45
Theatro Municipal do Rio de Janeiro, 53
Themistocles Halfeld, 37
Tico-tico no fubá (filme), 83
Tino Rossi, 129
Tira o café do fogo (peça de teatro), 108
Tira o dedo do pudim (peça de teatro), 105
Tô de olho (peça de teatro), 54

ÍNDICE ONOMÁSTICO

Tônia Carrero, 83
Trem de luxo (peça de teatro), 81, 83, 83, 137
Tribuna da Imprensa (jornal), 47, 53, 69, 91, 123, 126, 142
Trio de Ouro, 42, 48
Tudo de fora (peça de teatro), 105-107
Tudo é lucro (peça de teatro), 91
TV Globo, 139
TV Tupi, 116, 127

U
Ubirajara Cardoso, 136
Última Hora (jornal), 17, 26, 62, 98, 104, 123
Um instante, maestro (programa de TV), 127
Uma cidade que surge (filme), 83
União Artística, 133
União Brasileira de Compositores (UBC), 100
Unidos de Padre Miguel, 141
Universidade Gama Filho, 133

V
Vagareza (nome artístico de Hamilton Ferreira), 112
Vai levando, curió (peça de teatro), 89-91, 108
Vamos brincar (peça de teatro), 116
Ve si mi esquece (peça de teatro), 112-113
Velha Guarda da Portela, 110
Vera Lúcia Garcia Aragão, 132-133
Vera Nunes, 46
Vicente Celestino, 30, 46-47, 107
Vicente Marchelli, 87, 91-93, 108

Vicente Mattos, 138
Vicente Paiva, 24, 33
Vicente Tapajós, 144
Victor Zambito, 111
Vidas solitárias (filme), 40
Vira o disco (peça de teatro), 115
Virginia Lane, 61
Vitor Leon, 43
Viva o Gordo (programa de tv), 132
Viva o Rebolado!: vida e morte do teatro de revista brasileiro (livro), 37
Você não gosta (peça de teatro), 117-118
Vogue (cinema), 59

W
Walter D'Ávila, 41
Walter Hugo Khouri, 122
Walter Pinto, 26, 31-37, 43, 53-54, 80-83, 85, 89, 133
Wanda Kosmo, 70
Watson Macedo, 119-123
Wilson das Neves, 138
Wilza Carla, 133
Winston Churchill, 37

Y
Yvette Giraud, 130

Z
Zé da Zilda, 122
Zé do Bambo, 60
Zé Trindade, 88
Zequinha de Abreu, 44
Zilco Ribeiro, 56
Zilda do Zé, 122

Este livro foi composto na tipografia Minion Pro,
em corpo 11,5/16, e impresso em
papel off-white no Sistema Cameron da
Divisão Gráfica da Distribuidora Record.